AF545881

Die Fledermaus

Bianca Eilers

Klasse 3/4

Verlag an der Ruhr

Impressum

Titel
Werkstatt kompakt
Die Fledermaus – Kopiervorlagen mit Arbeitsblättern

Autorin
Bianca Eilers

Titelbildmotiv
eZeePics Studio – Fotolia.com

Illustrationen
Mangus Siemens u. a.

Fotos
S. 42: © m_reinhardt; S. 45: Baum: © Zerbor; Ameise: © Alekss_XL; Schmetterling: © M_by makuba; Specht: © K.-U. Haessler; Mücke: © JPS; Fledermaus: © Geza Farkas – alle Fotolia.com

Satz und Layout
Melanie Reich, ideenreich

Verlag an der Ruhr
Mülheim an der Ruhr
www.verlagruhr.de

Geeignet für die Klassen 3 – 4

Urheberrechtlicher Hinweis:

Das Werk und seine Teile sind urheberrechtlich geschützt. Jede Verwendung in anderen als den gesetzlich zugelassenen Fällen bedarf der vorherigen schriftlichen Einwilligung des Verlages. Im Werk vorhandene Kopiervorlagen dürfen vervielfältigt werden, allerdings nur für jeden Schüler der eigenen Klasse/des eigenen Kurses. Die dazu notwendigen Informationen (Buchtitel, Verlag und Autor) haben wir für Sie als Service bereits mit eingedruckt. Diese Angaben dürfen weder verändert noch entfernt werden. Die Weitergabe von Kopiervorlagen oder Kopien (auch von Ihnen veränderte) an Kollegen, Eltern oder Schüler anderer Klassen/Kurse ist nicht gestattet.

Der Verlag untersagt ausdrücklich das Herstellen von digitalen Kopien, das digitale Speichern und Zurverfügungstellen dieser Materialien in Netzwerken (das gilt auch für Intranets von Schulen und sonstigen Bildungseinrichtungen), per E-Mail, Internet oder sonstigen elektronischen Medien außerhalb der gesetzlichen Grenzen. Kein Verleih. Keine gewerbliche Nutzung. Zuwiderhandlungen werden zivil- und strafrechtlich verfolgt.
Bitte beachten Sie die Informationen unter www.schulbuchkopie.de.

Soweit in diesem Produkt Personen fotografisch abgebildet sind und ihnen von der Redaktion fiktive Namen, Berufe, Dialoge u. Ä. zugeordnet oder diese Personen in bestimmte Kontexte gesetzt werden, dienen diese Zuordnungen und Darstellungen ausschließlich der Veranschaulichung und dem besseren Verständnis des Inhalts.

Trotz sorgfältiger inhaltlicher Kontrolle kann keine Haftung für die Inhalte externer Seiten, auf die mittels eines Links verwiesen wird, übernommen werden. Für den Inhalt der verlinkten Seiten sind ausschließlich deren Betreiber verantwortlich.

© Verlag an der Ruhr 2015
ISBN 978-3-8346-2974-6

Printed in Germany

Inhaltsverzeichnis

Vorwort

Warum Fledermäuse?

Ernähren Fledermäuse sich nicht von Blut und verfangen sich in den Haaren? Ekeln sich Kinder nicht vor diesen unheimlichen Nachttieren? Warum sollte man dieses Thema also in der Grundschule behandeln? Diese Vorurteile abzubauen und über die kleinen Flattermänner zu informieren, ist der Anlass für diese Werkstatt. Schnell werden Sie feststellen, dass Fledermäuse als „unheimliche" und unbekannte Nachttiere eine große **Faszination** auf die Kinder ausüben werden. Wie sehen Fledermäuse aus? Was fressen sie? Wie finden sie sich in der Dunkelheit zurecht? Alles Fragen, auf die die Kinder eine Antwort bekommen. Zudem werden durch die oft unbekannte und versteckte Lebensweise und das Aussehen der Fledermaus die **Fantasie** der Kinder und ihr **Forscherdrang** geweckt. Mithilfe von **Infotexten** und **Experimenten** kommen sie den Antworten selbstständig auf die Spur. Sie erfahren, wie man die vom Aussterben bedrohten Säugetiere schützen kann, und werden nach und nach zu kleinen **Fledermausexperten**.

Was man wissen sollte

Im Mittelalter galten die Fledermäuse als Boten des Teufels. In China sind sie dagegen als Glücksbringer bekannt. Fledermäuse sind **Säugetiere** und gehören, gemeinsam mit den Flughunden, zu den **Fledertieren**. Nach der Einrichtung EUROBATS gibt es in **Deutschland** 24 verschiedene Fledermausarten, die aufgrund ihrer Gefährdung gesetzlich geschützt sind.

Die meisten Arten ernähren sich von **Insekten**. In den **tropischen Regionen** gibt es Fledermäuse, die sich von Nektar und Obst ernähren.

Einige Fledermäuse verspeisen hier auch Fische, Frösche, Eidechsen und Vögel. Vampirfledermäuse, die sich ausschließlich von Vogel- und Säugetierblut ernähren, kommen nur in **Süd- und Mittelamerika** vor. Die meisten Fledermäuse sind sehr klein. Dennoch haben sie eine große **Flügelspannweite**. Die Beschaffenheit der Flügel richtet sich nach dem Lebensraum. Leben und jagen sie im Wald, sind die Flügel rund und breit. Dadurch können sie zwar nicht so schnell fliegen, sind aber viel manövrierfähiger. Lange und schmale Flügel befähigen einige Arten hingegen dazu, auf freier Bahn Fluggeschwindigkeiten von bis zu 60 km/h zu erreichen.

Fledermäuse sind typische **Nachttiere**. Ihre Augen haben bei der Raumorientierung eine untergeordnete Rolle, da die Tiere sich mit dem **Ultraschall-Echo-Ortungssystem** orientieren.

In allen Landschaften mit reichem Insektenvorkommen und geeigneten Quartieren können Fledermäuse leben. Generell bevorzugen Fledermäuse **warme Sommer-** und **kühle Winterquartiere**.

Geeignete Sommerquartiere sind ungestörte, dunkle Dachräume oder Turmspitzen. Einige Arten bevorzugen allerdings auch Baumhöhlen, Spalten hinter Fensterläden, Rollladenkästen oder Dach- und Wandverkleidungen. Als Winterquartiere suchen Fledermäuse meistens frostsichere und zugfreie Höhlen, Stollen und Keller auf. Dort finden sie entsprechende **Hangplätze** zum Überwintern. Ein spezieller Mechanismus der Fußkrallen ermöglicht es, dass sie sich fast ohne Energieaufwand festkrallen und kopfüber hängen können.

In sogenannten **Wochenstuben** bringen die Fledermausweibchen im Schnitt ein Junges zur Welt. Dazu schließen sie sich in Gruppen zusammen. Die Männchen der meisten Arten leben in dieser Zeit in anderen Quartieren. Mit sechs bis acht Wochen sind die **Jungtiere** ausgewachsen und gehen schon selbst auf die Jagd. Trotzdem werden sie noch zusätzlich von der Mutter mit Nahrung versorgt.

Viele unserer einheimischen Fledermäuse sind **gefährdet**. Die **Ursachen** dafür sind vielfältig, jedoch hauptsächlich auf **menschliche Einwirkungen** (Schadstoffeinflüsse, Beunruhigung der Tiere in ihren Quartieren, Zerstörung der Quartiere oder sogar direkte Tötung usw.) zurückzuführen. Durch entsprechende Schutzmaßnahmen (Aufklärung über die Nützlichkeit der Tiere, Bau von Fledermauskästen, Erhöhung der Insektenvielfalt durch entsprechende Bepflanzungen) kann dem Aussterben der Fledermäuse entgegengewirkt werden.

Aufbau der Fledermaus-Werkstatt

Die vorliegenden Werkstattangebote sind für ein **3. oder 4. Schuljahr** gedacht.

Um die Werkstattarbeit übersichtlicher zu gestalten, wurde sie in **sieben Themenbereiche** gegliedert.

Die jeweiligen Icons der Bereiche finden Sie sowohl im Inhaltsverzeichnis als auch links oben auf den jeweiligen Arbeitsblättern.

Vorwort

Verschiedene Fledermäuse

Der Körperbau

Die Echo-Ortung

Nahrung und Jagd

Der Lebensraum

Das Fledermaus-Jahr

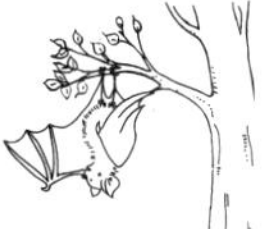

Lernzielkontrollen

Tipps zur Unterrichtsorganisation

Die **Themenbereiche** können **unabhängig voneinander** eingesetzt und bearbeitet werden. Stellen Sie aus den Angeboten Ihre eigene Werkstatt zusammen und tragen Sie die **Namen der Angebote** in den **Arbeits-Pass** ein. Es besteht natürlich auch die Möglichkeit, jedem Kind entsprechende Angebote zuzuordnen und auf dem Pass zu vermerken. Für einen motivierenden und anschaulichen Werkstattunterricht ist es wichtig, dass Sie geeignete **Literatur** und **Bildmaterialien** bereitstellen. In den Medientipps finden Sie entsprechende Angaben. Über die dort aufgeführten **Kontaktadressen** können Sie auch **Informationsmaterial** bestellen. Richten Sie für weiterführende Literatur eine Lesetheke ein. Zu Beginn der Werkstattarbeit verteilen Sie die Angebote mit den Auftragsblättern, Infotexten und entsprechenden Materialien (Arbeitsblätter, Bücher usw.) in **Ablagekörben** in der Klasse. So haben die Kinder die Möglichkeit, die Aufgaben mit an ihren Platz zu nehmen und zu bearbeiten.
Auf den **Arbeitsblättern** befindet sich oben rechts jeweils ein Hinweis auf die mögliche **Sozialform** beim Bearbeiten des Angebots:

 **Einzelarbeit**

Partnerarbeit 

 **Gruppenarbeit**

Bei einigen Angeboten sollen die Kinder ihre Ergebnisse ins Heft schreiben. Es empfiehlt sich, für die Werkstattarbeit ein DIN-A4-„**Fledermausheft**“ anzuschaffen.

Einzelne Angebote brauchen Sie nur 2- bis 3-mal herzustellen. Diese sollten als laminierte Materialien vorhanden sein (vgl. Hinweise zu einigen Angeboten S. 7).

Einstieg in das Thema Fledermäuse

Zeigen Sie zum Einstieg **Fledermausbilder, Bücher** und **Broschüren**. Fragen, die zum Thema existieren, können gesammelt und in ein **„Fledermaus-Fragebuch“** geschrieben werden. Das Buch bleibt im Klassenraum und kann in den nächsten Stunden durch Fragen ergänzt werden. Die Fragestellungen bieten sich auch als Hilfe für Sie an, um ggf. die Werkstattangebote zu erweitern oder zu verändern und somit auf die Interessen der Kinder eingehen zu können. Fühlt sich ein Kind während der laufenden Unterrichtseinheit in der Lage, eine Frage zu beantworten, darf es seine Erkenntnisse in das Buch eintragen und am Ende des Unterrichts im Sitzkreis vortragen.

Fledermaus-Exkursion

Das Spannendste an dem Thema ist natürlich das **Beobachten** „echter“ Fledermäuse. Dazu sollten Sie sich bei **Fledermausexperten** über bestehende Quartiere und Exkursionsmöglichkeiten in Ihrer Nähe erkundigen. Manchmal kann auch schon der Förster vor Ort weiterhelfen. Die Exkursion sollte zu Beginn der Unterrichtseinheit stattfinden, um die Kinder zu motivieren und Spannung zu erzeugen.

Weisen Sie die Kinder darauf hin, dass sie leblos am Boden liegende Fledermäuse nur mit Handschuhen oder einem Tuch anfassen sollten, da immer noch ein geringes Risiko einer Tollwutübertragung bestehen kann.

Um gezielt beobachten zu können, teilen Sie den Kindern **Beobachtungsbögen** aus. Mögliche **Fragestellungen**:

- → Welche Fledermaus konntest du sehen?
- → Wo und wann konntest du sie beobachten?
- → War es dabei schon dunkel?
- → Wo hat sie gejagt? (in der Luft, am Boden …)
- → Wie sieht ihre Flugbahn bei der Jagd aus?
- → Wo befindet sich das Fledermausquartier?
- → Welche Fledermausart ist dort zu finden?
- → Wie lange hast du das Quartier beobachtet?
- → Zu welcher Zeit flogen sie aus?
- → Wann kamen sie wieder zurück ins Quartier?
- → …

Vorwort

Umfrage

Neben der Exkursion bietet sich auch eine **Dorf-/Stadtumfrage** an. Die Kinder treten als Fledermausexperten auf und können ihr erlerntes Wissen einsetzen, um die Bevölkerung aufzuklären und zu informieren. Zur Durchführung der Umfrage erhalten die Gruppen die **Fragebögen** und **Infomaterial**. Die Ergebnisse der Umfrage können auf verschiedene Art und Weise (Plakate, Rollenspiele, Fotoreportage ...) dargestellt werden. Mögliche **Fragestellungen** der Umfrage:

→ Was fällt Ihnen zum Thema „Fledermäuse" ein?
→ Mögen Sie Fledermäuse? Warum?
→ Haben Sie Fledermäuse schon einmal gesehen? Wo?
→ Wissen Sie, wovon sich unsere einheimischen Fledermäuse ernähren?
→ Wie finden sich Fledermäuse in der Dunkelheit zurecht?
→ Ist Ihnen bekannt, wo Fledermäuse im Sommer ihre Schlafplätze haben?
→ Sind Ihnen Fledermausquartiere bekannt? Wenn ja, wo?
→ Was denken Sie: Gehören Fledermäuse bei uns zu den bedrohten Tierarten? Warum?

Informationstag

Um auch **Aufklärungsarbeit in der Schule** zu betreiben, kann zum Abschluss der Einheit die Schule zu einem **Informationstag** eingeladen werden. Die Kinder teilen sich jeweils in Gruppen den Themenbereichen zu, präsentieren den anderen Kindern mögliche Ergebnisse der Werkstattarbeit und stehen für Fragen zur Verfügung. Zusätzlich kann ein **Fledermausexperte** eingeladen werden, der **lebende Fledermäuse** mitbringt. **Adressen** und nützliche **Internetseiten** finden Sie dazu bei den Medientipps (S. 56).

Bau von Fledermauskästen

Um Fledermäuse zu schützen und einigen Fledertieren im Frühjahr und Herbst ein **Ersatzquartier** zu ermöglichen, können die Kinder gemeinsam mit Ihnen **Fledermauskästen** herstellen. Die Kästen können mithilfe des zuständigen Försters im Wald oder am Schulhaus angebracht werden. Wichtig ist hierbei, dass die Kästen **hoch** genug (ca. 4 m) und an einem **zugfreien** und **sonnigen** Platz angebracht werden. Außerdem ist zu beachten, dass der **Anflug** nicht durch Äste behindert wird. Für die Herstellung benötigen Sie **unbehandeltes Lärchenholz** (Brettstärke ca. 2 cm), **Holzschrauben** und entsprechendes **Werkzeug**. Lärchenholz ist dabei wichtig, da diese Holzart besonders wetterbeständig ist. Die Bretter sollten rau sein, damit die Fledermäuse sich daran **festkrallen** können. Die **Innenseite** der Rückwand kann zusätzlich mit einem spitzen Werkzeug aufgeraut werden.

Sind die Innenwände des Kastens nämlich zu glatt, versuchen Fledermäuse bis zur Erschöpfung, sich an den Wänden festzukrallen, und gehen dabei erbärmlich zugrunde. Achten Sie darauf, dass am Schluss keine Nägel oder scharfen Kanten im Innern des Kastens herausstehen, da sich die Fledermäuse sonst **verletzen** könnten. Der Kasten muss am Schluss zugfrei sein. Verwenden Sie daher auch **Holzleim**, um die Bretter winddicht zu verleimen. Der **Einflugschlitz** muss eine Breite von 2 bis 2,5 cm haben, damit auch größere Fledermausarten (aber keine Vögel!) in den Kasten schlüpfen können. Die Fledermauskästen werden oft von Zwergfledermäusen, Rauhautfledermäusen oder Großen Abendseglern genutzt und können an allen Gebäuden befestigt werden. Allerdings kann es u. U. lange dauern, bis solche Kästen von Fledermäusen angenommen werden, auch wenn sie richtig angebracht wurden.

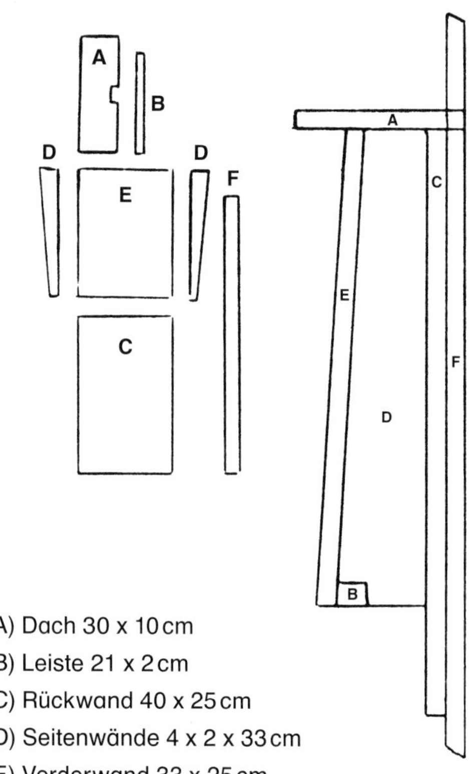

(A) Dach 30 x 10 cm
(B) Leiste 21 x 2 cm
(C) Rückwand 40 x 25 cm
(D) Seitenwände 4 x 2 x 33 cm
(E) Vorderwand 33 x 25 cm
(F) Leiste zum Aufhängen 60 x 2 cm

Vorwort

Hinweise zu einzelnen Angeboten

Heimische Fledermäuse (S. 11–19)

Den Auftrag und die Info-Texte benötigen Sie nur in 2-facher Ausführung. Zur besseren Haltbarkeit können Sie sie laminieren. Damit die Kinder Gewicht und Größe der Fledermäuse nachvollziehen können, legen Sie Zuckerwürfel, Maßband und eine Waage bereit. Als Anschauungsmaterial sollten Sie zusätzlich Informationsblätter, Abbildungen und Bestimmungsbücher auslegen.

Wie sehen Fledermäuse aus? (S. 20/21)

Das Lösungswort lautet: FLEDERTIER

Fledermausflügel und Menschenarme (S. 26–28)

Um Gemeinsamkeiten des Skelettes von Fledermausflügel und Menschenarm zu erkennen, ist es ratsam, dass die Kinder zuerst sinnliche Erfahrungen und Kenntnisse über den eigenen Aufbau ihres Armes erwerben. Stellen Sie dazu Fingermalfarben in Rot, Gelb, Orange, Blau und Grün bereit. In folgenden Farben sollten die Kinder sowohl ihre Arme als auch die Arbeitsblätter anmalen:
Finger- und Daumenknochen (Rot), Handwurzelknochen (Gelb), Mittelhandknochen (Orange), Unterarmknochen (Blau), Oberarmknochen (Grün).

Wie finden sich Fledermäuse zurecht? (S. 29–31)

Um das Phänomen „Echo“ zu veranschaulichen, benötigen die Kinder einen Metalleimer. Der Versuch soll eine Grundlage für das Verstehen der Echopeilung bilden. Die Thematik wird dann durch den Infotext (S. 30) aufgegriffen

Was fressen Fledermäuse? (S. 34–37)

Hier sind exemplarisch acht Insekten aus dem Speiseplan der Fledermäuse herausgegriffen worden. Das Insektenbuch können sich die Kinder jeweils selbst herstellen.
Sie können das Insektenbuch aber auch 2- bis 3-mal zur Ansicht vorbereiten. In diesem Fall verändern Sie den Arbeitsauftrag entsprechend. Zur Erweiterung des Angebotes lassen Sie die Kinder ein Deckblatt für das Insektenbuch entwerfen oder noch zusätzlich andere Insekten vom Speiseplan der Fledermäuse ergänzen. Stellen Sie den Kindern dazu Nachschlagewerke bereit.

Fledermäuse auf der Jagd (S. 38/39)

Bei dem Spiel werfen sich die Kinder Gummibärchen zu. Achten Sie darauf, dass dieser Versuch nicht zu einer „Spielerei mit Lebensmitteln“ wird.

Feinde der Fledermäuse (S. 42/43)

Wenn alle Kinder dieses Angebot bearbeitet haben, sprechen Sie mit den Kindern auch über die sogenannte „Rote Liste“. In dieser Liste ist der Gefährdungsgrad der Fledermausarten aufgeführt. Eine solche Liste finden Sie u. a. unter www.fledermauskunde.de

Wer braucht wen? (S. 44/45)

Sie können dieses Angebot auch gemeinsam mit der Klasse etwas anschaulicher bearbeiten, indem Sie das Arbeitsblatt auf DIN-A3-Format vergrößern. Pinnen Sie dies dann auf eine Styropor®-Platte oder auch Kork-Pinnwand. Pinnen Sie nun an jedes Tier bzw. den Baum eine Stecknadel. Gehen Sie dann mit den Kindern gemeinsam den Text durch und verbinden Sie die einzelnen Bilder mit einem Wollfaden. Führen Sie dazu den Faden vorsichtig um die einzelnen Nadeln. Demonstrieren Sie am Ende, wie die Geschichte weitergeht, wenn der Baum gefällt wird. Dafür nehmen Sie eine Schere und schneiden den Faden, der den Baum mit den anderen Tieren verbindet, durch.

Was macht die Fledermaus im Winter? (S. 51)

Weisen Sie die Kinder nach einer gewissen Zeit des Experimentes darauf hin, dass sie das Wasser nur mithilfe der Hände nicht so ohne Weiteres auf 30°C erwärmen können. Die Kinder sollen dieses Experiment dann abbrechen. Wichtig ist hierbei, dass die Kinder erfahren, mit welch großer Anstrengung es verbunden ist, die Körpertemperatur im Winterschlaf zu erhöhen.

Fledermaus-Rätsel (S. 53)

Das Lösungswort lautet: FLEDERMAUS

Lückentext zum Körperbau/Fledermaus-Jahr (S. 54/55)

Um den Schwierigkeitsgrad dieser Arbeitsblätter zu steigern, können Sie die Lösungswörter unten auf der Seite vor dem Kopieren abdecken.

Bewegungsspiele

Wahr oder falsch

Dauer: ca. 10–15 Min.

Die Kinder stellen sich in einem großen **Kreis** auf. In der Kreismitte steht der Spielleiter und ruft den Kindern **Aussagen über Fledermäuse** zu, die wahr oder falsch sind (z. B.: Fledermäuse fressen Insekten, Fledermäuse sind Vögel …). Wenn die Aussagen **wahr** sind, müssen sich die Kinder auf der Stelle **im Kreis drehen** und die Flugbewegungen der Fledermäuse nachahmen. Sind die Aussagen **falsch**, müssen sie sich rasch auf den Boden **knien**. Wer die falsche Bewegung macht, muss eine Spielrunde aussetzen oder bekommt einen Punktabzug.

Das Mausohrenspiel

Dauer: ca. 10 Min.
Material: Augenbinden

Große Mausohren fressen gern Laufkäfer. Sie orten die Käfer durch deren raschelnde Geräusche, die sie beim Laufen über trockenes Laub verursachen. Die Kinder verteilen sich mit 1–2 m Abstand in einem Raum oder auf einem begrenzten, freien Gelände und setzen sich mit **geschlossenen Augen** in den **Schneidersitz**. Sie stellen die Großen Mausohren dar. Fünf weitere Kinder sind die Laufkäfer und krabbeln **auf allen vieren** durch den Raum/ bzw. das Gelände. Die Fledermäuse haben die Aufgabe, durch genaues Hören die Laufkäfer zu orten. Durch **Abschlagen** werden die Käfer gefangen. Dabei dürfen sich die „Mausohren“ **nicht** von der Stelle **bewegen**. Sind alle Laufkäfer gefangen, kann gewechselt werden.

Mit den Ohren sehen

Dauer: ca. 15 Min.
Material: Augenbinde, Triangeln

Das Spiel eignet sich gut zur Unterstützung des Verständnisses zur Echo-Ortung. Zu Beginn dieses Spiels werden die Triangeln an drei Kinder verteilt. Sie sind die **Insekten**. Ein Kind spielt die **Fledermaus**, der Rest der Kinder stellt pantomimisch eine **Landschaft** dar (Bäume, Teiche, Felsen …). Die Fledermaus hat die Aufgabe, mit **verbundenen Augen** durch die Landschaft zu fliegen und **Insekten** zu fangen. Sie orientiert sich mithilfe von Ultraschalllauten und Echo. Dazu muss das Fledermauskind beim Gehen immer einen **Laut** ausstoßen. Um nicht an die „Bäume“, „Felsen“ etc. zu stoßen, müssen die entsprechenden Kinder in die **Hände klatschen**, sobald die Fledermaus ihnen zu nahe kommt. Hat die Fledermaus ein Insekt am Ton der Triangel erkannt, muss sie zu ihm hinfliegen und es **anschlagen**. Um das Spiel zu erleichtern und mögliche Unfälle zu vermeiden, dürfen sich die Insekten **nicht fortbewegen**. Sind am Ende alle Insekten gefangen, können die Spieler und Rollen gewechselt werden. Variante: Die gesamte Klasse bildet einen Spielkreis. Es werden eine **Fledermaus** und ein **Insekt** ausgewählt. Die Fledermaus bekommt die Augen verbunden und muss nun innerhalb des Kreises das Insekt **fangen**. Die Fledermaus macht zur Orientierung einen **Ton**, das Insekt antwortet ebenfalls mit einem **Laut**. Nach Gehör versucht die Fledermaus, ihre Beute zu fangen. Wurde das Insekt gefangen, kann gewechselt werden.

(vgl. Joseph Cornell, Verlag an der Ruhr 1999).

Das Fledermaus-Lied

(Strophe)

G C G a D

1. Willst du Fle - der - mäu - se seh'n, musst du in die Wäl - der geh'n.

e D G

Dort fang'n sie sich ein In - sekt, le - cker, wie die Beu - te schmeckt!

(Refrain)

G D G D C D G

Fle - der - mäu - se brau - chen Freun - de. Pack mit an und schüt - ze sie.

G

schüt - ze sie.

Text: Bianca Eilers
Melodie: Carola Pape

Refrain:
Fledermäuse brauchen Freunde.
Pack mit an und schütze sie.

2. Bäume, Speicher oder Dach, wenn wir schlafen, sind sie wach.
Leben dort sehr gut versteckt, dass sie keiner von uns weckt.

3. Winterzeit heißt Schlafenszeit, wenn es draußen stürmt und schneit.
Wenn die Sonne wieder lacht, sind sie langsam aufgewacht.

4. Wenn ein Junges wird gebor'n, hat es kleine, gute Ohr'n.
Sind sehr wichtig für den Flug, weil sie sonst nicht seh'n genug.

5. Um bei uns zu überleb'n, musst du ihnen 'ne Wohnung geb'n.
Bau ans Haus ein kleines Brett, so hab'n es die Mäuse nett.

© Verlag an der Ruhr | Autorin: Bianca Eilers | ISBN 978-3-8346-2974-6 | www.verlagruhr.de

Arbeits-Pass

von: ....

Angebot	**erledigt am**	**kontrolliert von**

Hallo, ich bin **Fritz**, die Fledermaus. Sicher hast du schon etwas über uns Fledermäuse erfahren oder uns einmal am Himmel fliegen sehen. Damit du ein richtiger **Fledermausexperte** wirst, musst du noch einige Aufgaben lösen. Dazu begleite ich dich bei den Angeboten und erzähle dir was über mich, mein Leben und meine Artgenossen. Wenn du die Angebote bearbeitet hast, kannst du sie auf diesem **Arbeits-Pass** eintragen.
Viel Spaß, dein Fritz

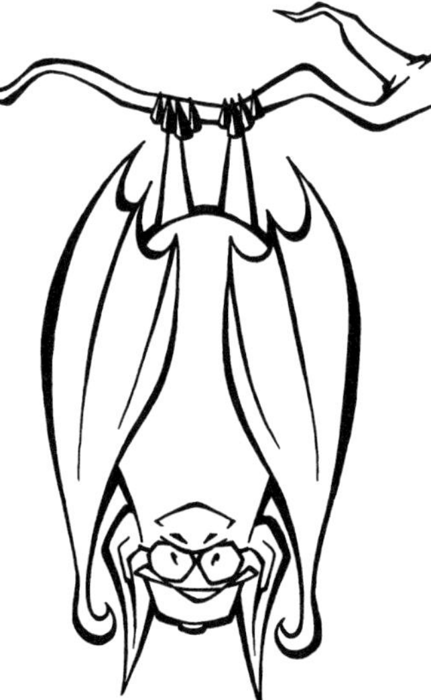

© Verlag an der Ruhr | Autorin: Bianca Eilers | ISBN 978-3-8346-2974-6 | www.verlagruhr.de

Heimische Fledermäuse (1/9)

Auftragskarte

Wenn du dir die **Fledermäuse** auf den Bildern einmal genau anschaust, fällt dir bestimmt auf, dass wir alle anders aussehen, denn es gibt von uns Fledermäusen verschiedene Arten.

Einige haben lange Ohren, bei anderen sind sie klein und spitz. Viele von uns haben eine glatte Nase, während du bei anderen eine lustig aussehende Nasenform sehen kannst.

In **Deutschland** gibt es **24 verschiedene Arten**.
In dieser Werkstatt kannst du 6 davon kennenlernen.

Manche leben ganz in deiner Nähe und mit viel Glück kannst du sie auch einmal im Sommer beobachten.

1. **Suche dir mindestens 2 von den 6 Fledermausarten aus.**
2. **Lies dir den Text zu ihnen auf den Infoblättern „Heimische Fledermäuse“ durch.**
3. **Fülle für beide Fledermausarten einen Steckbrief aus. Nimm dazu die Vorlage.**
4. **Wähle aus den Fledermaus-Bildkarten die richtigen Bilder aus und klebe sie zu deinem Steckbrief.**

Du kannst dir in den Büchern und Broschüren an der Lesetheke noch mehr Fledermausarten anschauen. Schreibe die zusätzlichen Informationen in dein Fledermausheft.

© Verlag an der Ruhr | Autorin: Bianca Eilers | ISBN 978-3-8346-2974-6 | www.verlagruhr.de

Heimische Fledermäuse (2/9)

Infotext

Ludger, das Braune Langohr

Ich werde auch **Plecotus auritus** genannt. Mich kann man besonders gut von anderen Fledermäusen unterscheiden. Sicherlich kannst du dir schon denken, warum. Wegen meiner **langen Ohren**. Sie sind 3 cm lang und fast so groß wie mein 4 cm langer Körper. Den Ohren verdanke ich auch meinen Namen. Zum **Schlafen** biege ich sie nach hinten und klemme sie zwischen meine Arme und meinen Körper.

Wenn ich zum Fliegen meine **Flügel** ausspanne, bin ich ungefähr 27 cm breit. Schaue mal auf dem Maßband, wie lang das ist!

Mein Körper ist mit weichem **Fell** bedeckt. Am Rücken ist es braun und am Bauch hellgrau. Besonders schwer sind wir Fledermäuse alle nicht. Ich kann 6 bis 12 g **schwer** werden. Lege einmal 4 Zuckerwürfel auf deine Hand, dann fühlst du, wie leicht ich bin!

Am liebsten verbringe ich meine Zeit im Sommer in **Wäldern** und **Parks**. Dort gefällt es mir besonders gut in **Baumhöhlen**. Manchmal mache ich es mir aber auch auf einem **Dachboden** gemütlich.

Im Sommer, wenn die Jungen geboren werden, leben die Weibchen in Gruppen und ziehen gemeinsam ihre Jungen in der sogenannten **Wochenstube** groß. Wir Männchen leben allein. Ein Langohrweibchen bringt immer nur **ein Junges** zur Welt.

Wenn es abends dunkel wird, fliege ich zur **Jagd**. Um meine Beute zu finden, fliege ich sehr langsam und niedrig. Ich muss sehr geschickt zwischen Bäumen und Hecken fliegen, damit ich die Insekten von den Blättern absammeln kann. Zu meiner Lieblingsspeise gehören **Schmetterlinge, Käfer und Raupen**. Die finde ich am besten im Wald, am Waldrand und auf Obstwiesen. Ich verspeise meine Beute an einem ruhigen Platz. Wenn es im Herbst kälter wird, mache ich mich auf die Suche nach einem **Winterquartier**. Dann verkrieche ich mich in den engen Spalten eines großen **Kellers** oder eines **Stollens**.

Ich werde durchschnittlich **4 Jahre** alt.
Wenn es mir gut geht, kann ich bis zu **30 Jahre** alt werden.

© Verlag an der Ruhr | Autorin: Bianca Eilers | ISBN 978-3-8346-2974-6 | www.verlagruhr.de

Heimische Fledermäuse (3/9)

Infotext

Maria, das Große Mausohr

Mich nennt man auch **Myotis myotis**. Ich bin die größte Fledermaus, die du in Deutschland finden kannst. Mein **Körper** kann bis zu 8 cm lang werden. Meine **Flügel** sind ziemlich groß. Wenn ich sie zum Fliegen ausbreite, bin ich etwa 40 cm breit. Schaue einmal auf dem Maßband, wie riesig das ist! Ich bin nicht nur groß, sondern für eine Fledermaus auch ziemlich schwer. Nimm einmal 15 Zuckerwürfel und lege sie auf die Waage! Nun kannst du ablesen, wie viel ich **wiege**. Das **Fell** meines Körpers ist oben graubraun und unten grau. Ich habe zwar nicht so lange Ohren wie das Braune Langohr, dafür sind sie aber sehr breit.

Da ich die Wärme liebe, suche ich mir im Sommer gern einen warmen **Dachboden** in einem alten Gebäude zum Schlafen. Gemeinsam mit anderen Mausohrweibchen ziehe ich dort jeweils **ein Junges** in der sogenannten **Wochenstube** groß. Die Männchen leben in dieser Zeit in anderen Quartieren.

Wenn es dunkel ist, beginne ich in **Parks**, auf **Wiesen, Weiden** oder im **Wald** mit der **Jagd**. Ich fange meine Beute nicht nur im Flug. Häufig jage ich auch zu Fuß am Boden. Dort kann ich besonders gut **Laufkäfer** erbeuten. Ich fresse aber auch gern andere **Käfer, Spinnen** und **Nachtfalter**.

Wenn es im Herbst kälter wird, suche ich mir einen **Stollen** oder eine **Höhle** für meinen Winterschlaf. Dort hänge ich mich dann an die Decke und schlafe bis zum Frühjahr.

Ich werde durchschnittlich **4 bis 5 Jahre** alt.
Wenn es mir gut geht, kann ich bis zu **22 Jahre** alt werden.

Heimische Fledermäuse (4/9)

Infotext

Willi, die Wasserfledermaus

Myotis daubentonii – so werde ich auch genannt. Wenn du mich sehen willst, musst du in der Nähe von **Flüssen** und **Teichen** suchen. Dort halte ich mich am liebsten auf, denn da kann ich in der Dämmerung besonders gut jagen. Mit meinen großen Flügeln fliege ich in großen Runden dicht über dem Wasser und verspeise **Zuckmücken, Schnaken** und **Nachtfalter**.

Wenn ich meine **Flügel** aufspanne, sind sie ungefähr 25 cm breit. Das ist breiter als dieses Blatt Papier. Schaue einmal auf dem Maßband, wie breit das ist! Ich **wiege** zwischen 7 und 14 g. Probiere einmal aus, wie viele Zuckerwürfel das sind! Mein ganzer Körper ist zwischen 4 und 5 cm groß und mit weichem **Fell** bedeckt. Oben ist es graubraun und unten grau. Besonders lustig an mir sind meine großen Füße. Ohne sie und meine Schwanzflughaut könnte ich keine Insekten von der Wasseroberfläche fangen. Meine Ohren dagegen sind ziemlich klein.

Wenn ich mich im Sommer tagsüber ausruhe, suche ich mir einen Schlafplatz in einer **Baumhöhle**, die ich im **Wald** oder in einem **Park** finde. Deshalb werde ich auch Waldfledermaus genannt. In den Baumhöhlen ziehen die Weibchen auch ihre Jungen groß. Sie bekommen bei einer Geburt immer nur **ein Junges**. Wir Männchen leben in dieser Zeit nicht mit ihnen zusammen.

Um meinen Winterschlaf zu halten, hänge ich mich mit meinen Füßen an die Decke einer **Höhle** oder eines **Stollens**. Manchmal verstecke ich mich aber auch in **Spalten** und im **Bodengeröll**.

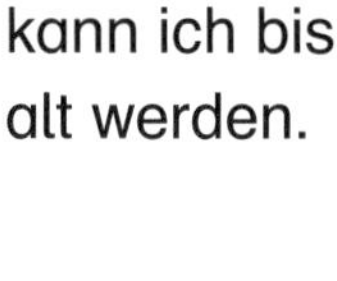

Ich werde durchschnittlich **4 Jahre** alt. Wenn es mir gut geht, kann ich bis zu **28 Jahre** alt werden.

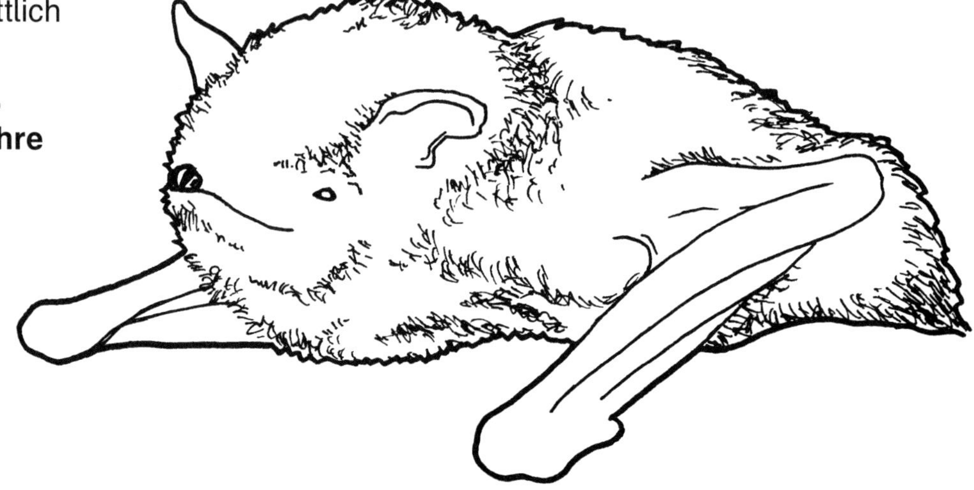

© Verlag an der Ruhr | Autorin: Bianca Eilers | ISBN 978-3-8346-2974-6 | www.verlagruhr.de

Heimische Fledermäuse (5/9)

Infotext

Zacharias, die Zwergfledermaus

Man nennt mich auch **Pipistrellus pipistrellus**. Ich bin die kleinste heimische Fledermaus. Das kannst du schon an meinem Namen erkennen. Ich bin nicht viel größer als dein Daumen und passe gut in eine Streichholzschachtel. Mein **Körper** ist zwischen 3 und 4 cm groß. Er ist mit dunkelbraunem **Fell** bedeckt. Meine Ohren sind kurz und dreieckig. Mein **Gewicht** beträgt 4 bis 6 g. Das sind gerade einmal **2 Zuckerwürfel**. Wiege es einmal nach, dann siehst du, wie leicht ich bin! Wenn ich meine **Flügel** ausbreite, bin ich so breit wie dieses Blatt Papier. Miss mit dem Maßband einmal nach, wie breit das ist! Mit meinen schmalen Flügeln bin ich bei der Insektenjagd sehr schnell.

Meine Beute **jage** ich in der Nähe von **Flüssen** und **Teichen**, am **Waldrand**, in **Gärten** und auf **Obstwiesen**. Du kannst mich aber auch häufig in der Nähe von **Straßenlaternen** sehen, wenn ich im Zickzack-Flug um sie herumjage. Zu meiner Lieblingsspeise gehören **Mücken** und kleine **Nachtfalter**, die durch das Laternenlicht angelockt werden.

Ich lebe am liebsten in **Dörfern** und **Städten**. Deshalb gehöre ich auch zu der Gruppe der Hausfledermäuse.

Mein Sommerquartier suche ich mir in engen **Mauerspalten** an Häusern. Aber auch hinter **Fensterläden** und **Holzbrettern** fühle ich mich wohl. Im Sommer bilden die Weibchen große Gruppen. Man nennt sie **Wochenstuben**. Die Männchen leben in dieser Zeit einzeln oder in kleinen Gruppen. Sie haben andere Quartiere. Im Juni oder Juli werden die Jungen geboren. Eine Zwergfledermaus bringt meistens **2 Junge** zur Welt. Im Herbst suchen wir Fledermäuse nach einem Winterquartier. Ich halte meinen Winterschlaf in tiefen **Felsspalten**, in großen **Kellern** oder in den **Mauern alter Schlösser**.

Ich werde durchschnittlich **2 bis 3 Jahre** alt. Wenn es mir gut geht, kann ich bis zu **16 Jahre** alt werden.

Heimische Fledermäuse (6/9)

Infotext

Axel, der Große Abendsegler

Nyctalus noctula – so werde ich auch genannt. Ich bin gar nicht so klein, wie ich manchmal aus der Ferne wirke. Mein **Körper** kann bis zu 7 cm groß werden. Wenn ich meine **Flügel** zum Fliegen ausbreite, bin ich ungefähr 40 cm breit. Schaue einmal auf dem Maßband, wie lang das ist! Weil meine Flügel so lang und schmal sind, kann ich auch so schnell fliegen. Mein **Fell** ist rostbraun und meine Ohren sind schwarz. Sie sind breit und oben abgerundet. Wenn du wissen willst, wie viel ich **wiege**, dann lege einmal 10 Zuckerwürfel auf die Waage.

Da ich, genau wie die Wasserfledermaus, zu den Waldfledermäusen gehöre, weißt du auch bestimmt, wo ich im Sommer am liebsten schlafe. Genau, im **Wald**. Dort suche ich mir eine schöne **Baumhöhle**. Du kannst mich aber auch manchmal in **Parks** oder zwischen den **Platten** von großen **Häusern** finden.

Im Sommer leben wir Männchen von den Weibchen getrennt. Die Weibchen leben dann in den sogenannten **Wochenstuben**, in denen sie ihre Jungen zur Welt bringen. Das Weibchen bekommt meistens **2 Junge**.

Wenn es am Abend langsam dunkel wird, fliege ich zur **Jagd**. Hoch über den Bäumen des **Waldes**, über **Wiesen**, **Flüssen** und **Teichen** jage ich dann **Mücken, Schnaken** und **Maikäfer**. Da es im Winter keine Nahrung mehr für mich gibt, suche ich mir ein Winterquartier in einer **Baumhöhle** oder einer Spalte im **Felsen**. Wenn es mir gut geht, kann ich bis zu **12 Jahre** alt werden.

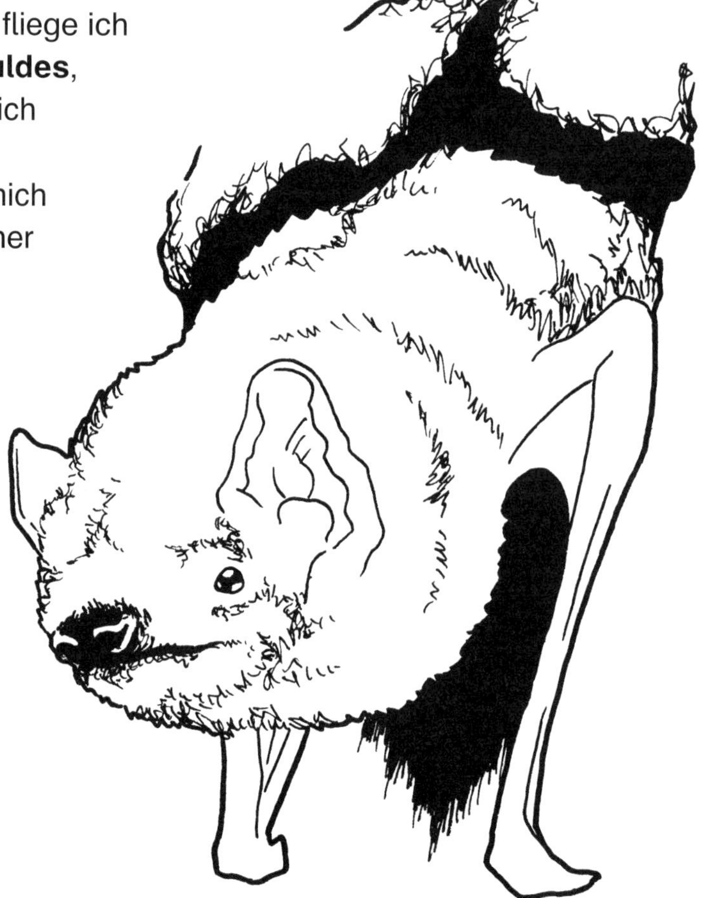

© Verlag an der Ruhr | Autorin: Bianca Eilers | ISBN 978-3-8346-2974-6 | www.verlagruhr.de

Heimische Fledermäuse (7/9)

Infotext

Hedwig, die Kleine Hufeisennase

Man nennt mich auch **Rhinolophus hipposideros**. Mich kann man gut von anderen Fledermäusen unterscheiden. Schaue mich einmal genau an, dann weißt du, warum! Meine **Nase** hat Hautfalten, die die Form eines Hufeisens bilden. Meine **Flügel** sind sehr breit. So kann ich sie zum Schlafen gut um meinen Körper wickeln. Wenn ich sie auseinanderspanne, sind sie etwa so breit wie dieses Blatt Papier. Kannst du auf dem Maßband ablesen, wie lang das ist? Mein **Körper** ist ungefähr 4 cm groß. Wie viel ich **wiege**, erfährst du, wenn du 3 bis 4 Zuckerwürfel auf die Waage legst. Mein **Fell** ist am Rücken graubraun und am Bauch grau. Meine Ohren sind sehr spitz.

Am häufigsten bin ich in Gebieten mit **Wäldern** zu finden. Dort finde ich auch die meiste Nahrung. Zur **Jagd** fliege ich erst abends, wenn es richtig dunkel ist. Dann fliege ich dicht über dem Boden durch die Wälder. Meine Beute kann ich vom Boden oder von Ästen aufnehmen.

Manchmal hänge ich mich auch einfach nur an einen Ast und fange vorbeifliegende Insekten. Ich fresse gern **Nachtfalter, Käfer** und **Mücken**. Mein Sommerquartier befindet sich in warmen **Dachböden** oder **Kirchtürmen**. Dort stört es mich nicht, wenn es etwas heller ist. Am Tag schlafe ich oft nicht sehr tief. Deshalb mag ich es auch gar nicht, wenn man mich dabei stört. Zur Geburt befinden sich nicht nur wir Weibchen in den **Wochenstuben**. Manchmal besuchen uns auch die Männchen. Wir bringen bei einer Geburt **ein Junges** zur Welt.

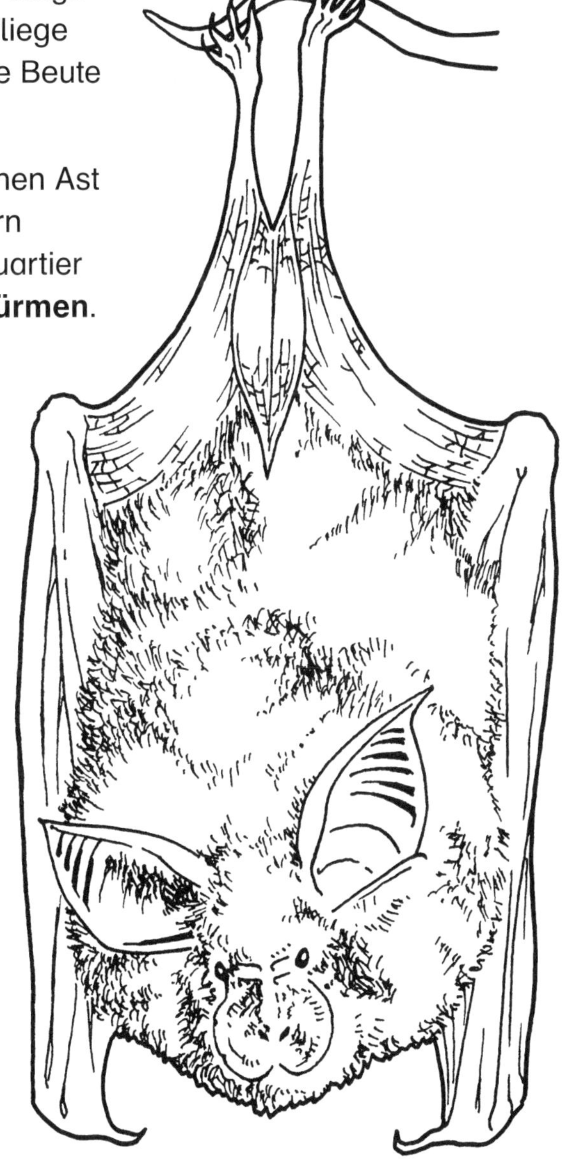

Mein Winterquartier suche ich mir im Herbst in **Höhlen** und **Stollen**, in denen es schön feucht ist und ich vor dem Frost sicher bin. Ich werde durchschnittlich **3 bis 4 Jahre** alt.
Wenn es mir gut geht, kann ich bis zu **21 Jahre** alt werden.

© Verlag an der Ruhr | Autorin: Bianca Eilers | ISBN 978-3-8346-2974-6 | www.verlagruhr.de

Heimische Fledermäuse (8/9)

Fledermaus-Bildkarten

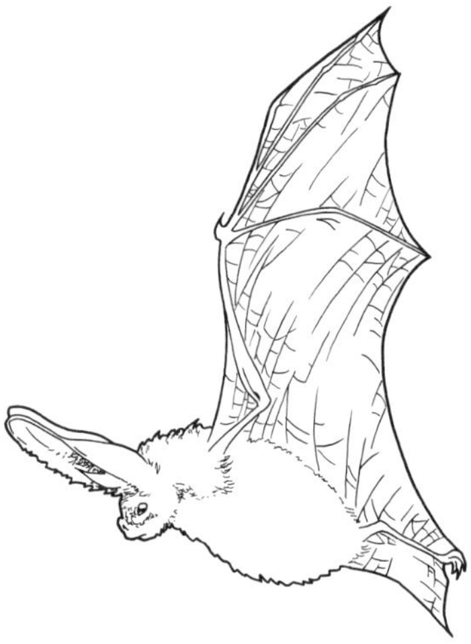

Braunes Langohr

Großes Mausohr

Wasserfledermaus

Zwergfledermaus

Großer Abendsegler

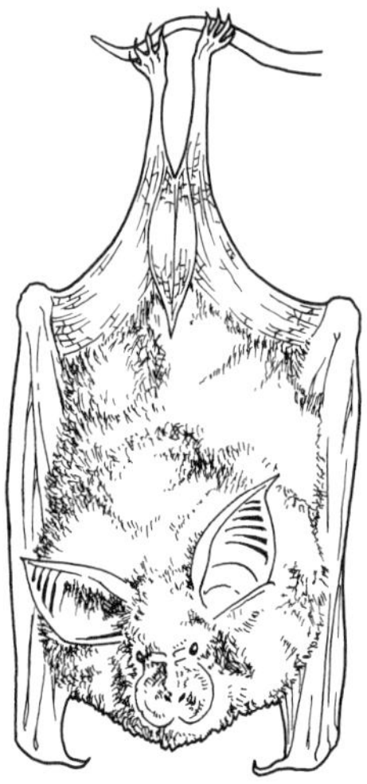

Kleine Hufeisennase

© Verlag an der Ruhr | Autorin: Bianca Eilers | ISBN 978-3-8346-2974-6 | www.verlagruhr.de

Heimische Fledermäuse (9/9)

Steckbrief

Wissenschaftlicher Name: ....

Alter: .... Körpergröße: .... cm

Gewicht: .... g Flügelspannweite: .... cm

Farbe des Fells: ....

Anzahl der Jungen bei einer Geburt: ....

Sommerquartier: ....

Winterquartier: ....

Jagdgebiet: ....

Nahrung: ....

Besondere Eigenschaften: ....

....

....

....

Wie sehen Fledermäuse aus? (1/2)

Auftragskarte

Wir Fledermäuse sind keine Mäuse. Wir bilden mit den Flughunden eine eigene Tiergruppe: **die Fledertiere**.

Genau wie der Igel, der Fuchs und das Pferd sind wir **Säugetiere**. Alle Säugetiere bringen lebende Junge zur Welt, die an den Zitzen der Mutter gesäugt werden. Doch wir können noch etwas anderes, was alle anderen Säugetiere nicht können: Wir können fliegen!

Wenn du die nächste Aufgabe bearbeitest, erfährst du etwas über unser Aussehen und unseren Körper.

1. **Nimm dir das Arbeitsblatt „Die Körperteile". Beschrifte die Körperteile der Fledermaus.**

   Die Buchstabenkästchen und die Lösungswörter können dir helfen:
   Nase, Auge, Ohr, Mund, Daumenkralle, Fingerknochen, Flughaut, Schwanz, Krallen, Bein, Körper, Arm, Ohrendeckel

2. **Die Buchstabenkästchen mit den Zahlen ergeben ein Lösungswort.**

© Verlag an der Ruhr | Autorin: Bianca Eilers | ISBN 978-3-8346-2974-6 | www.verlagruhr.de

Wie sehen Fledermäuse aus? (2/2)

Bilder-Rätsel

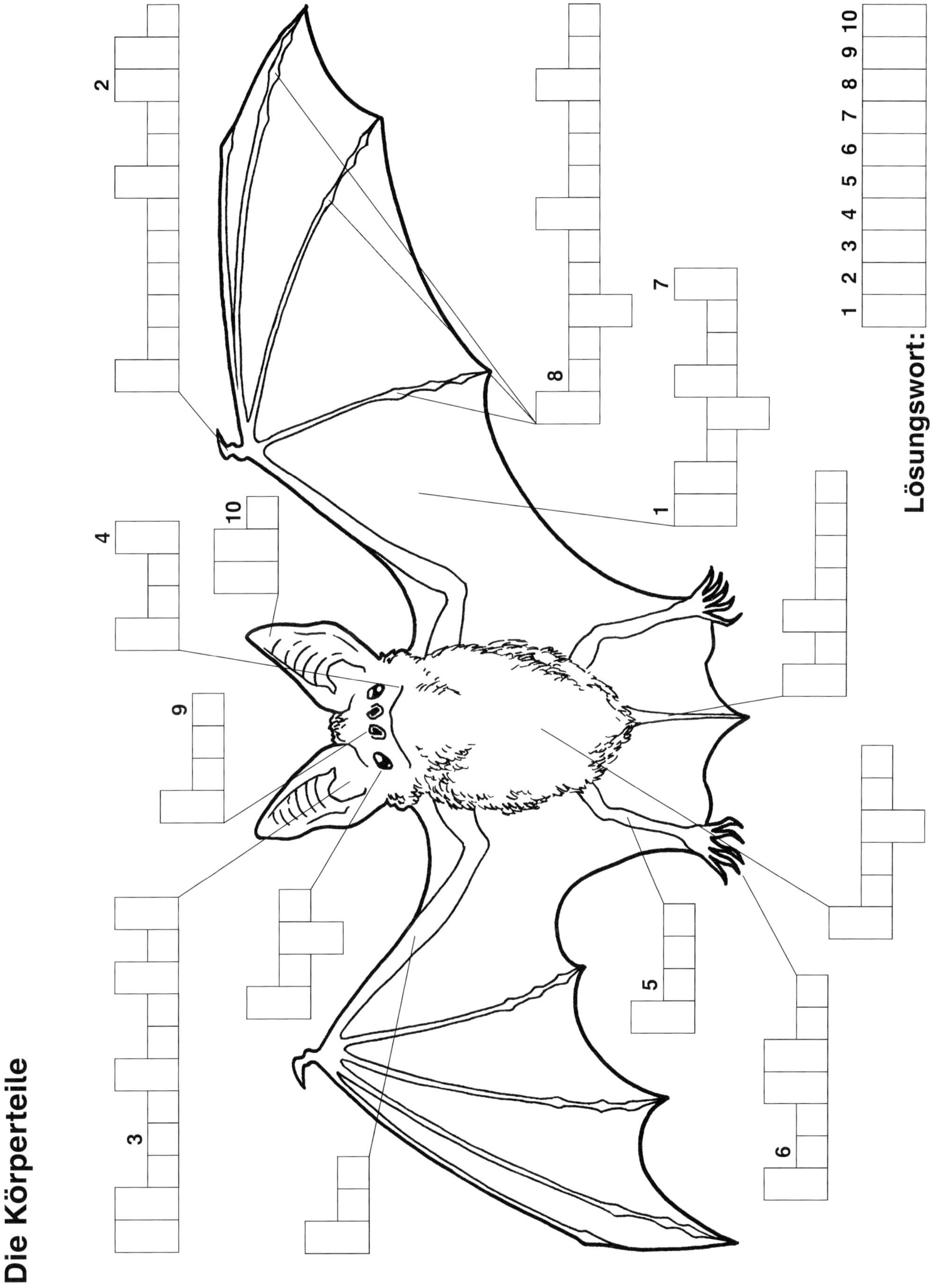

Die Körperteile

1 2 3 4 5 6 7 8 9 10

Lösungswort:

Die Körperteile der Fledermaus (1/4)

Auftragskarte

Unser Körper besteht aus vielen verschiedenen **Körperteilen**.

Genau wie du haben wir Arme und Beine.
Was wir noch für Körperteile haben und wozu wir sie brauchen, erfährst du hier.

1. **Lies dir den Info-Text „Wozu braucht die Fledermaus ihre Körperteile?" auf dem 2. Arbeitsblatt durch.**
2. **Überprüfe nun dein Wissen. Verbinde auf dem 3. und 4. Arbeitsblatt „Körperteil-Quiz" die richtigen Wortergänzungen.**
3. **Schreibe nun auf ein extra Blatt, wozu die Fledermaus jeden Körperteil braucht.**

   Schreibe so:
   Die Fledermaus braucht die Flughaut zum ...
   Sie braucht ihre Augen zum ...

Wenn du bei der Bearbeitung noch nicht ganz sicher bist, siehe dir das Angebot „Wie sehen Fledermäuse aus?" an.

© Verlag an der Ruhr | Autorin: Bianca Eilers | ISBN 978-3-8346-2974-6 | www.verlagruhr.de

Die Körperteile der Fledermaus (2/4)

Infotext

Wozu braucht die Fledermaus ihre Körperteile?

Am Kopf der Fledermaus fallen die großen **Ohren** mit den **Ohrendeckeln** auf. Die Fledermaus kann sehr gut hören. Im Gesicht befinden sich die Augen, die Nase und der Mund. Obwohl die **Augen** der Fledermaus so klein sind, kann sie damit gut sehen. Die **Nase** braucht sie zum Riechen. Im **Mund** hat sie Zähne, um Insekten zu knacken.

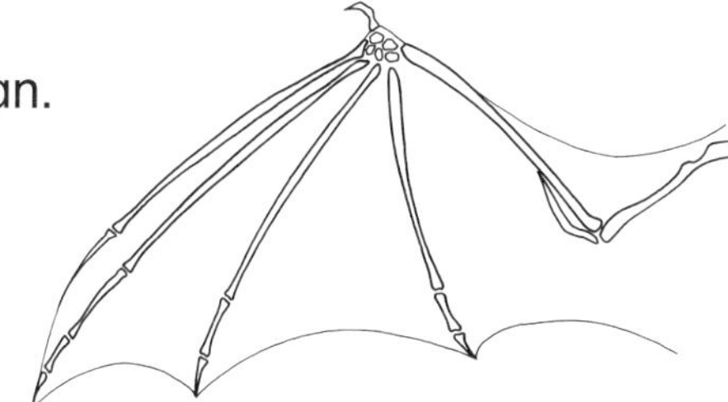

Der **Körper** der Fledermaus ist mit **Fell** bedeckt, damit ihr immer schön warm ist. An den Körper schließen die **Arme** an. Mit denen kann sie ihre Flügel bewegen.
Die Fledermaus hat 4 lange **Finger**. Damit kann sie ihre Flügel zusammenklappen. Der 5. Finger ist die **Daumenkralle**, die sie zum Klettern braucht.

Die **Beine** braucht die Fledermaus zum Klettern und Gehen. Jeder **Fuß** besitzt 5 Zehen **mit langen Krallen.** Diese brauchen die Fledermäuse, um sich zum Schlafen kopfüber aufzuhängen.

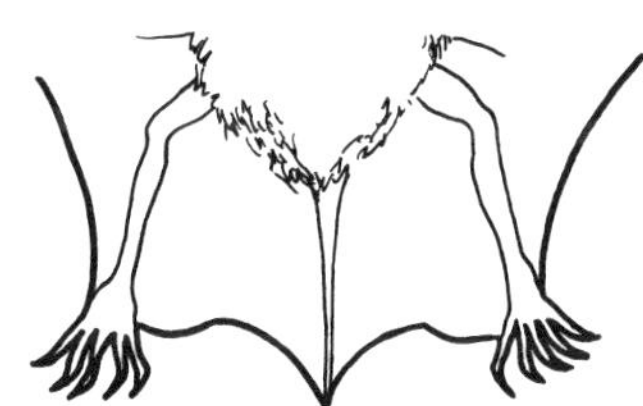

Um fliegen zu können, hat die Fledermaus zwischen ihren Fingern, Armen und Beinen die **Flughaut**. Zwischen den Beinen und dem Schwanz befindet sich die **Schwanzflughaut**. Diese benutzt sie als Kescher zum Fangen ihrer Beute.

Die Körperteile der Fledermaus (3/4)

Körperteil-Quiz

Um fliegen zu können, haben die Fledermäuse zwischen den Fingern, Armen und Beinen eine …	… Schwanzflughaut.
Damit sie ihre Beute fangen kann, braucht sie die Flughaut zwischen den Beinen. Diese nennt man …	… Körper mit Fell.
Der Fledermaus ist immer schön warm, denn sie hat einen …	… Flughaut.
Um ihre Flügel bewegen zu können, braucht die Fledermaus ihre beiden …	… Daumenkralle.
Zum Zusammenklappen der Flügel hat die Fledermaus an den Armen 4 lange …	… Arme.
Den 5. Finger braucht sie zum Klettern. Man nennt ihn …	… Finger.

© Verlag an der Ruhr | Autorin: Bianca Eilers | ISBN 978-3-8346-2974-6 | www.verlagruhr.de

Die Körperteile der Fledermaus (4/4)

Körperteil-Quiz

Die Fledermaus kann nicht nur fliegen. Sie kann auch klettern und gehen. Dazu braucht sie ihre beiden …	… Füße mit Krallen.
Um sich zum Schlafen kopfüber aufzuhängen, braucht sie ihre beiden …	… Ohren mit Ohrendeckeln.
Fledermäuse können gut hören. Sie finden sich durch das Echo ihrer Rufe zurecht. Dazu brauchen sie ihre großen …	… Beine.
Die Fledermaus ist nicht blind. Sie kann gut sehen mit ihren kleinen …	… Maul.
Die Fledermausmutter erkennt ihre Jungen am Geruch. Dazu braucht sie eine gute …	… Augen.
Unsere heimischen Fledermäuse fressen Insekten. Um die Insekten zu knacken, haben sie spitze Zähne im …	… Nase.

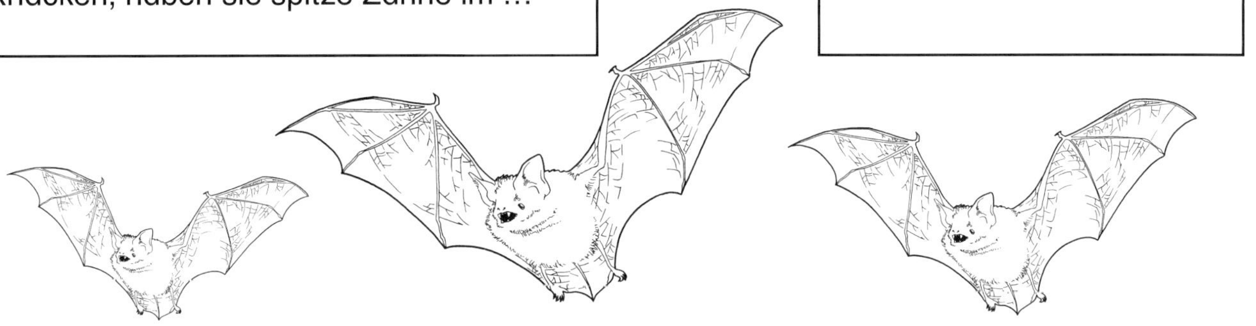

© Verlag an der Ruhr | Autorin: Bianca Eilers | ISBN 978-3-8346-2974-6 | www.verlagruhr.de

Fledermausflügel und Menschenarme (1/3)

Auftragskarte

Mein **Fledermaus-Flügel** und dein **Menschen-Arm** haben viele **Gemeinsamkeiten**!

Du glaubst mir nicht? Dann suche dir schnell einen Partner und erforsche zusammen mit ihm, wie ähnlich wir uns sind.

Ihr braucht zusätzlich:

➔ Stifte und Fingerfarben in rot, grün, gelb, orange und blau

1. **Schaut euch die Bildvorlage „Menschenarm“ an und malt die Knochen in den vorgegebenen Farben an.**
2. **Ertastet die einzelnen Knochen von eurem Oberarm bis zur Hand. Zeichnet euch gegenseitig die einzelnen Knochen mit der Fingerfarbe von außen an den Arm. Benutzt dabei die Farben wie auf der Bildvorlage „Menschenarm“.**
3. **Schaut euch beide nun das Arbeitsblatt „Fledermausflügel“ an. Könnt ihr Gemeinsamkeiten mit eurem Arm entdecken? Malt die Knochen des Fledermausflügels in den gleichen Farben an wie bei dem Menschenarm. Beschriftet sie anschließend.**

© Verlag an der Ruhr | Autorin: Bianca Eilers | ISBN 978-3-8346-2974-6 | www.verlagruhr.de

Fledermausflügel und Menschenarme (2/3)

Bildvorlage

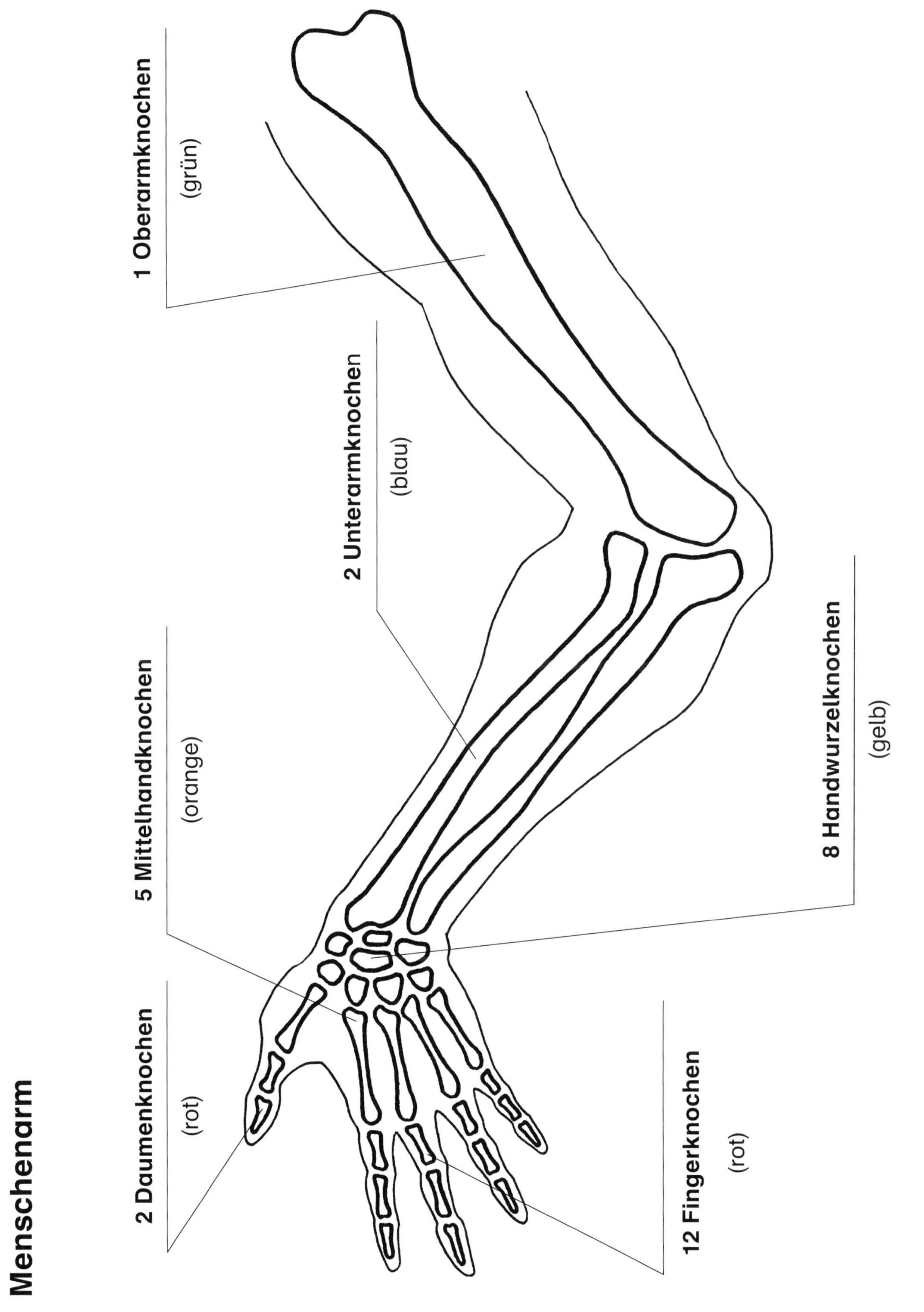

Menschenarm

1 Oberarmknochen
(grün)

2 Unterarmknochen
(blau)

5 Mittelhandknochen
(orange)

2 Daumenknochen
(rot)

8 Handwurzelknochen
(gelb)

12 Fingerknochen
(rot)

Fledermausflügel und Menschenarme (3/3)

Arbeitsblatt

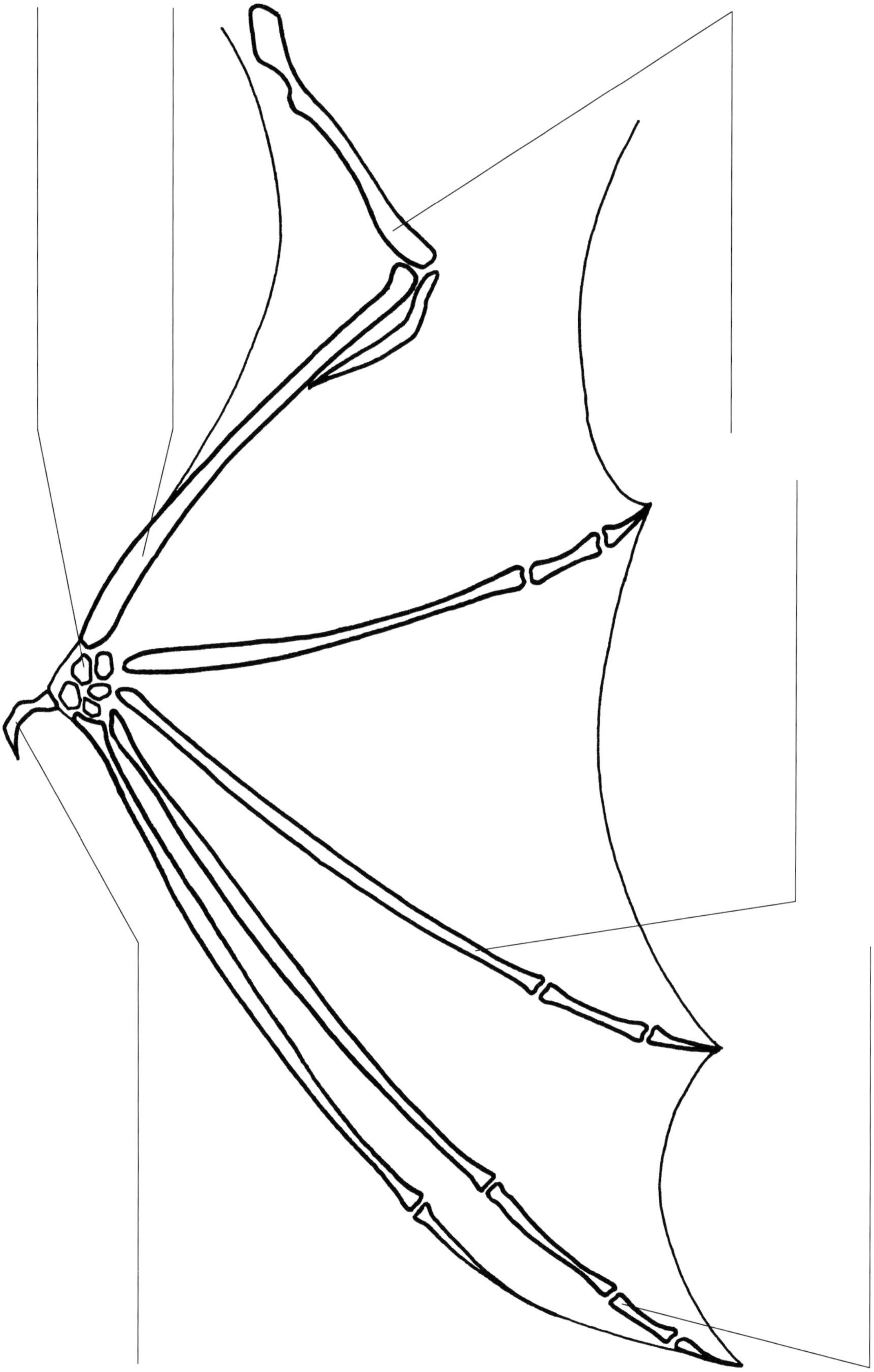

Fledermausflügel

© Verlag an der Ruhr | Autorin: Bianca Eilers | ISBN 978-3-8346-2974-6 | www.verlagruhr.de

Wie finden sich Fledermäuse zurecht? (1/3)

Auftragskarte

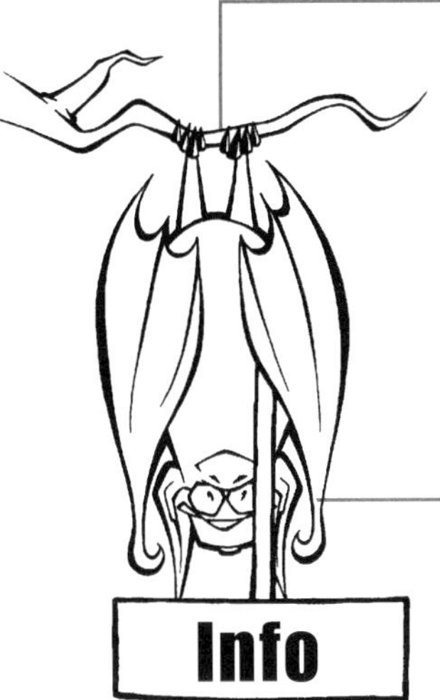

Wir haben zwar Augen, aber in der Nacht brauchen wir sie nicht. Da „sehen" wir Fledermäuse nämlich mit den **Ohren**. Wie das geht? Das erfährst du, wenn du weiterliest und die Aufgaben bearbeitest.

Du brauchst:

➔ 1 Metalleimer

1. **Was, glaubst du, wird passieren, wenn du laut in einen leeren Metalleimer rufst? Schreibe deine Vermutung ins Fledermausheft.**
2. **Nimm jetzt den Eimer und rufe laut etwas hinein. Notiere, was passiert. Kannst du dir vorstellen, warum das passiert? Finde eine Erklärung.**
3. **Lies den Infotext „Mit Ultraschall und Echo", betrachte dabei die Bilder.**
4. **Nimm dir das Bilder-Rätsel des 3. Arbeitsblattes. Schneide die beiden Wort-Karten aus. Klebe sie an der richtigen Stelle in die Pfeile hinein.**

© Verlag an der Ruhr | Autorin: Bianca Eilers | ISBN 978-3-8346-2974-6 | www.verlagruhr.de

Wie finden sich Fledermäuse zurecht? (2/3)

Infotext

Mit Ultraschall und Echo

Fledermäuse jagen **nachts**, wenn es dunkel ist.
Aber wie machen sie das?

Fledermäuse stoßen beim Fliegen sehr **hohe Schreie** aus. Wir können diese Schreie nicht hören, weil die Töne für unsere Ohren zu hoch sind. Die Töne nennen wir **Ultraschall**.
Mit speziellen Geräten kann man sie für unser Ohr hörbar machen. Die Schallwellen der Töne treffen auf Wände oder andere Hindernisse und werden wieder zurückgeworfen.
Es gibt also ein **Echo**.

Und das ist der Trick, wie sich Fledermäuse so gut bei Dunkelheit zurechtfinden. Das ist genau wie bei deinem Versuch mit dem Eimer.
Du hast etwas **hineingerufen** und dieser Ruf ist vom Boden des Eimers wieder **zurückgeworfen** worden.
Das, was zurückgekommen ist und du gehört hast, war das Echo. Wenn Fledermäuse ihr Echo hören, kann ihr Gehirn blitzschnell berechnen, **wie weit** das Hindernis entfernt ist.
Sogar **was** es ist, kann die Fledermaus so feststellen.
Fledermäuse hören also ihre Umgebung.

So, jetzt kannst du sicherlich das Arbeitsblatt „Echo-Ortung“ bearbeiten. Du hast ja gehört, wie man die **Schreie** der Fledermaus nennt und wie das heißt, was danach wieder zurückkommt.

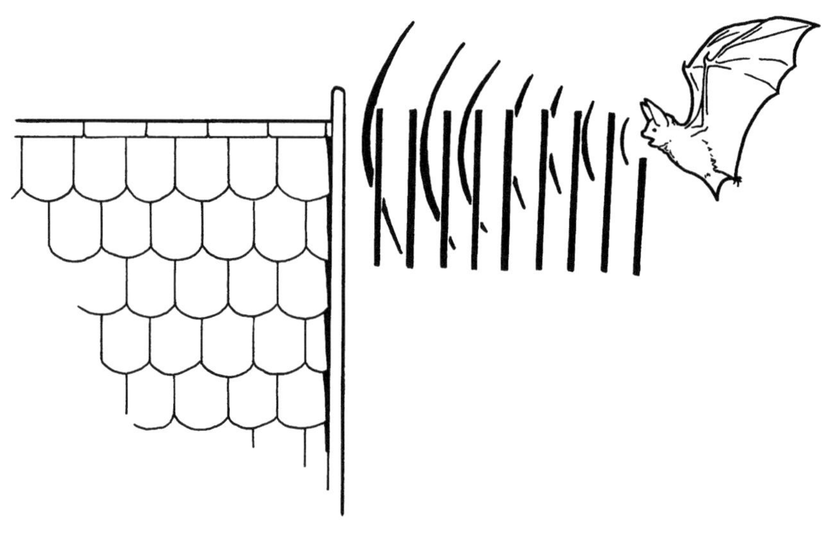

© Verlag an der Ruhr | Autorin: Bianca Eilers | ISBN 978-3-8346-2974-6 | www.verlagruhr.de

Wie finden sich Fledermäuse zurecht? (3/3)

Bilder-Rätsel

Ultraschall

Echo

© Verlag an der Ruhr | Autorin: Bianca Eilers | ISBN 978-3-8346-2974-6 | www.verlagruhr.de

Die Entdeckung von L. Spallanzani (1/2)

Auftragskarte

Lange Zeit konnten sich die Menschen nicht erklären, wie wir Fledermäuse uns in der **Dunkelheit** so **schnell** und **leise orientieren** können.

Sie dachten deshalb, dass wir mit dem Teufel verwandt sind. Durch diese Märchen kommt es auch, dass viele Menschen uns noch immer für unheimlich und gefährlich halten. Dabei tun wir niemandem etwas.

Vor mehr als 200 Jahren entdeckte dann der **Bischof** und **Naturforscher** Lazzaro Spallanzani, warum wir uns auch im Dunkeln orientieren können.

1. **Lies den Infotext „Ein schlauer Bischof“.**
2. **Schneide die Bildkarten aus und bringe sie in die richtige Reihenfolge.**
3. **Schreibe eine Nacherzählung der Geschichte in dein Fledermausheft.
   Klebe daneben die passenden Bildkarten zu deiner Nacherzählung.**

© Verlag an der Ruhr | Autorin: Bianca Eilers | ISBN 978-3-8346-2974-6 | www.verlagruhr.de

Die Entdeckung von L. Spallanzani (2/2)

Infotext und Bildkarten

Ein schlauer Bischof

Früher dachte man, Fledermäuse haben magische Zauberkräfte oder einen Pakt mit dem Teufel geschlossen. Man konnte sich ihre **Flugkünste** einfach nicht erklären. Vor mehr als 200 Jahren lebte der **Bischof** und **Naturforscher Lazzaro Spallanzani**. Der glaubte nicht an die teuflischen Kräfte der Fledermäuse. Er wollte dem Geheimnis auf die Spur kommen.

Eines Tages spannte er im dunklen Dachstuhl lauter **Fäden**. Dann ließ er die Fledermäuse dazwischen fliegen. Doch sie stießen **nirgends** an. Obwohl es dunkel war.

„Was für scharfe Augen müssen diese Tiere haben", dachte Spallanzani und **verschloss** ihnen die **Augen** mit kleinen Wachsklappen. Doch auch ohne etwas zu sehen, konnten die Fledermäuse an den Fäden **vorbeifliegen**. Und sogar Insekten konnten die kleinen Flattermänner noch fangen, ohne sie zu sehen.

Blieb nur noch eine Möglichkeit: Der Bischof setzte den Fledermäusen Kappen auf, die die **Ohren verschlossen,** und da passierte es: Die Fledermäuse flogen **gegen** die Fäden.

Der Beweis war erbracht: Fledermäuse „sehen" mit den Ohren.

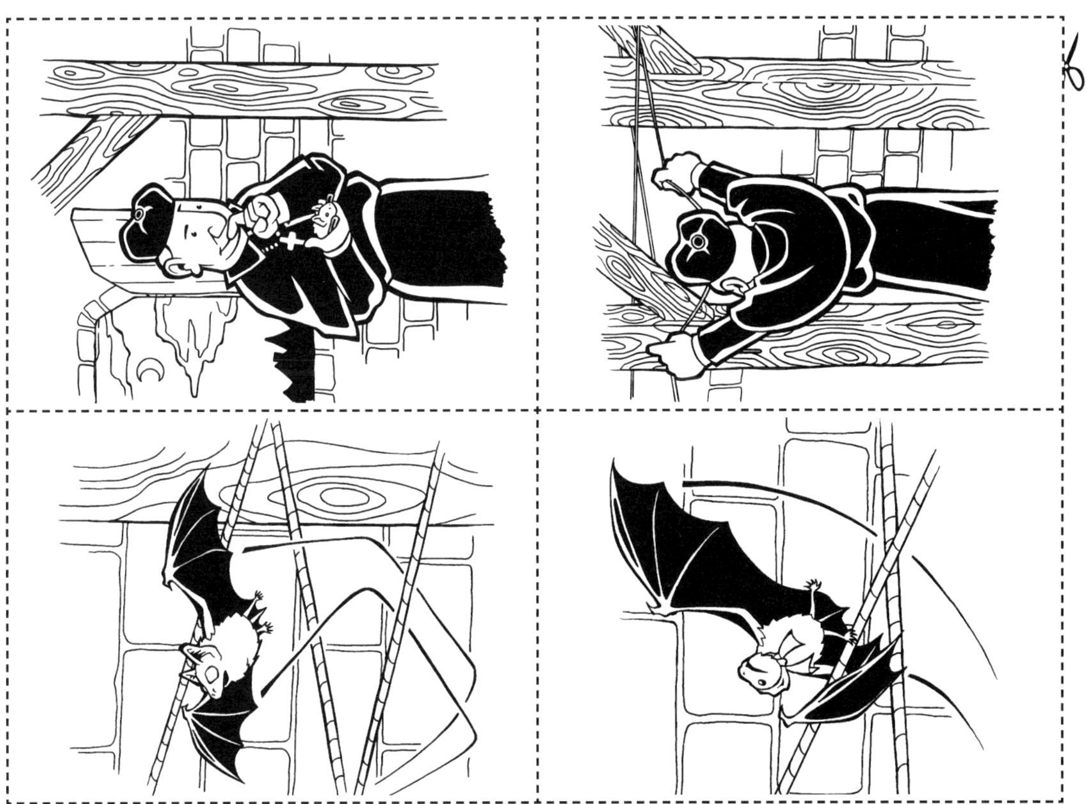

Was fressen Fledermäuse? (1/4)

Auftragskarte

Leider halten uns einige Menschen für blutsaugende und gefährliche Tiere. Deshalb haben manche Menschen auch **Angst** vor uns. Das ist aber völlig **unnötig**. Die meisten von uns Fledermäusen fressen **Insekten**.

Es gibt aber auch Fledermäuse in Afrika, Amerika und Asien, die lieber Obst, Blütennektar, Fische und Frösche fressen. In Amerika gibt es auch Vampirfledermäuse, die das Blut von Rindern und Pferden trinken. Meine Freunde und ich, die hier in deiner Nähe leben, ernähren uns nur von Insekten. Einige Insekten von unserem Speiseplan kannst du nun kennenlernen.

1. **Schneide die einzelnen 8 Seiten des „Insektenbuches“ aus und hefte sie zusammen.**
2. **Nimm dir das Arbeitsblatt „Insekten-Bildkarten“ und schneide die 8 Insektenbilder aus.**
   Klebe sie dann mit einem Abstand in dein Fledermausheft.
3. **Suche dir im Insektenbuch die passenden Namen der Insekten heraus und schreibe sie dazu.**
   Schreibe zusätzlich noch weitere Infos zu den Insektenbildern.
   Zum Beispiel: wo sie leben, wovon sie sich ernähren …

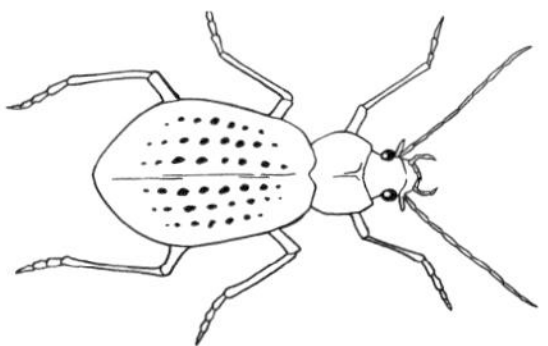

Laufkäfer

Die meisten Arten des Laufkäfers gehören zu den **Raubtieren** und fressen **Regenwürmer, Schnecken** und andere **Kleintiere**. Da der Laufkäfer ein **Nachttier** ist, versteckt er sich am Tag in der Erde, unter Steinen oder an anderen dunklen Orten. Laufkäfer überwintern in der Erde. Sie können mehrere Jahre alt werden. Am häufigsten kommt der **Hainlaufkäfer** bei uns vor. Du kannst ihn nachts meistens in Parks und Gärten sehen, wenn er auf die Jagd geht.

© Verlag an der Ruhr | Autorin: Bianca Eilers | ISBN 978-3-8346-2974-6 | www.verlagruhr.de

Was fressen Fledermäuse? (2/4)

Infotexte

Insektenbuch 1

Hausmutter

Die Hausmutter ist ein **Nachtfalter** und gehört zu der Gruppe der Schmetterlinge. Besonders im Juli und August ist sie bei uns zu sehen. Sie ernährt sich von verschiedenen **Pflanzensäften**. Da die Hausmutter ein Nachtfalter ist, sieht man sie meistens nachts fliegen. Man kann sie während des Fluges besonders gut an ihren leuchtend **gelben Hinterflügeln** erkennen. Leider ist sie dadurch auch gut von ihren Feinden zu erkennen. Doch wenn die Hausmutter gejagt wird, trickst sie ihre Verfolger aus. Sie setzt sich hin und **versteckt** ihre leuchtenden Hinterflügel.

Kleiner Fuchs

Der kleine Fuchs ist eine der **Schmetterlingsarten**, die bei uns oft zu finden ist. Im Sommer sieht man ihn zwischen Blumen fliegen und **Nektar** saugen. Im Frühjahr wacht er bereits sehr früh aus seinem Winterschlaf auf, den er in hohlen Bäumen, Schuppen oder alten Speichern verbringt. In dieser Jahreszeit beginnt sich der kleine Fuchs zu paaren. Nachdem das Weibchen seine Eier auf **Brennnesseln** abgelegt hat, sterben Weibchen und Männchen. Die Raupen, die aus den Eiern schlüpfen, ernähren sich von den **Blättern** der Brennnessel.

Heuschrecken

Es gibt viele Heuschreckenarten, doch den **Braunen Grashüpfer** findet man bei uns am häufigsten. Sein Lebensraum sind trockene **Wiesen**. Dort kannst du im Sommer auch besonders gut das **Zirpen** der Heuschreckenmännchen hören. Mit den Tönen, die sie durch das **Reiben** der Hinterbeine an ihren Flügeln erzeugen, wollen sie die Weibchen anlocken. Doch auch die Weibchen zirpen gelegentlich. Grashüpfer ernähren sich von saftigen Pflanzenteilen und häufig von Gräsern.

Laufkäfer

Die meisten Arten des Laufkäfers gehören zu den **Raubtieren** und fressen **Regenwürmer, Schnecken** und andere **Kleintiere**. Da der Laufkäfer ein **Nachttier** ist, versteckt er sich am Tag in der Erde, unter Steinen oder an anderen dunklen Orten. Laufkäfer überwintern in der Erde. Sie können mehrere Jahre alt werden. Am häufigsten kommt der **Hainlaufkäfer** bei uns vor. Du kannst ihn nachts meistens in Parks und Gärten sehen, wenn er auf die Jagd geht.

© Verlag an der Ruhr | Autorin: Bianca Eilers | ISBN 978-3-8346-2974-6 | www.verlagruhr.de

Was fressen Fledermäuse? (3/4)

Infotexte

Insektenbuch 2

Libellen

Libellen kannst du am besten an **Seen** und **Tümpeln** antreffen. Aber Libellen sind sehr gute Flieger und so ist es nicht verwunderlich, dass sie dir bei einem Spaziergang auch an **Wegrändern, Wiesen** und **Waldlichtungen** begegnen. An einer Libelle sind die großen **Augen** besonders auffällig. Die sind für sie auch sehr wichtig, damit sie ihre Feinde und ihre Beute erkennen kann. Libellen sind **Insektenfresser** und ernähren sich hauptsächlich von **Fliegen** und **Mücken**, die sie im Flug fangen und verspeisen.

Mücken

An den furchtbar juckenden Mückenstichen im Sommer sind nur die **Mückenweibchen** schuld, denn sie stechen dich, um dein Blut zu saugen. Sie brauchen das Blut, damit sich ihre **Eier** entwickeln können. Beim Blutsaugen spritzen sie **Speichel** in den Stich. Dieser Mückenspeichel bewirkt das Jucken auf deiner Haut. Die Männchen sind für diese Stiche nicht verantwortlich, denn sie saugen nur **Pflanzensäfte**. Die Mückenarten, die Menschenblut saugen, nennt man **Stechmücken**.

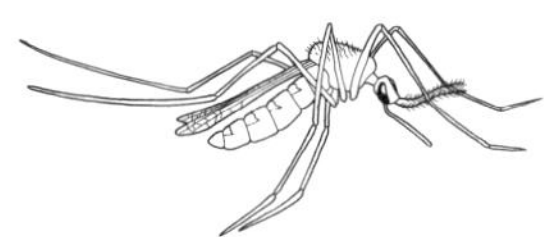

Ohrwurm

Die **Nacht** ist die Zeit der Ohrwürmer. Dann sind sie auf der Suche nach Futter. Ohrwürmer fressen alles: **Pflanzen, Abfälle** und andere **Kleintiere**. Tagsüber verstecken sie sich unter einem Stein oder in anderen dunklen Ecken. Sie mögen kein Licht. Am häufigsten sieht man bei uns den **Gemeinen Ohrwurm**. Er hat, wie alle Ohrwurmarten, eine Zange am Hinterleib. Die **Zange** des Männchens ist mehr gebogen als beim Weibchen. Die Zange hilft dabei, die Beute zu greifen. Ohrwürmer sind keine Würmer und sie krabbeln auch nicht in unsere Ohren.

Schwebfliegen

Schwebfliegen kann man leicht mit Bienen oder Wespen verwechseln. Und genau das möchte die Schwebfliege. Im Gegensatz zu den Wespen hat die Schwebfliege **keinen Giftstachel**. Um sich vor Feinden zu schützen, ahmt sie Muster und Farbe der Wespe nach. So denken ihre Feinde, dass sie eine gefährliche Wespe ist, und verlieren das Interesse an ihr. Am wohlsten fühlen sich die Schwebfliegen in der **Sonne**. Du kannst sie meistens auf **Blumen** finden, wo sie **Nektar** und **Pollen** fressen. Schwebfliegen können mit schwirrenden Flügeln ganz still in der Luft stehen.

© Verlag an der Ruhr | Autorin: Bianca Eilers | ISBN 978-3-8346-2974-6 | www.verlagruhr.de

Was fressen Fledermäuse? (4/4)

Bildkarten

Insekten-Bildkarten

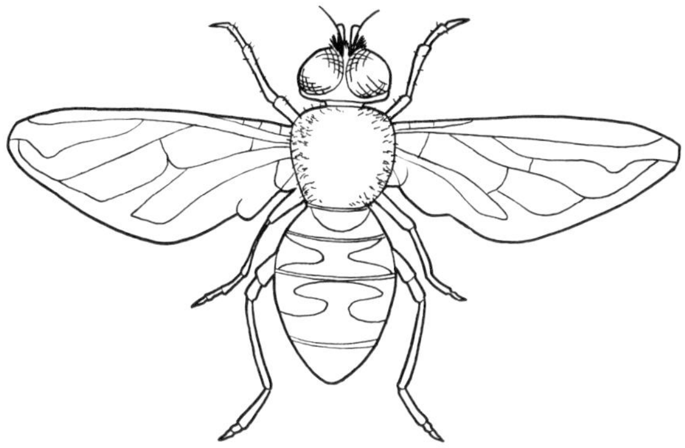

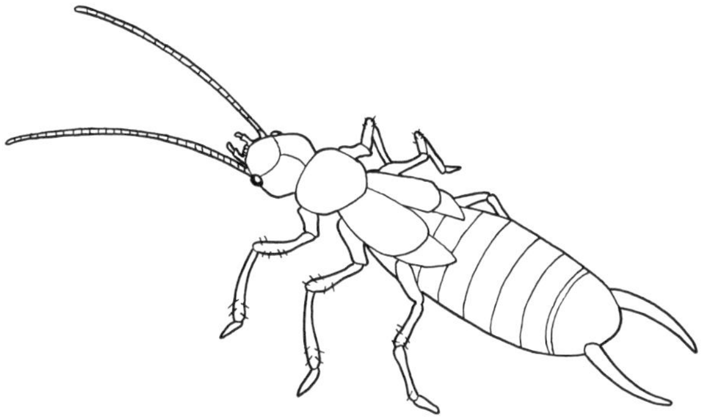

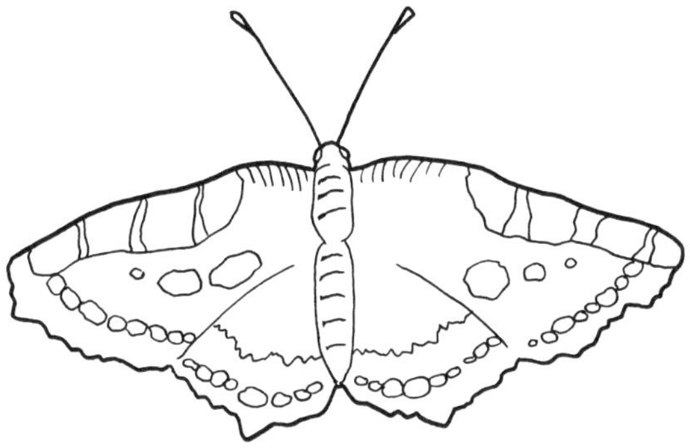

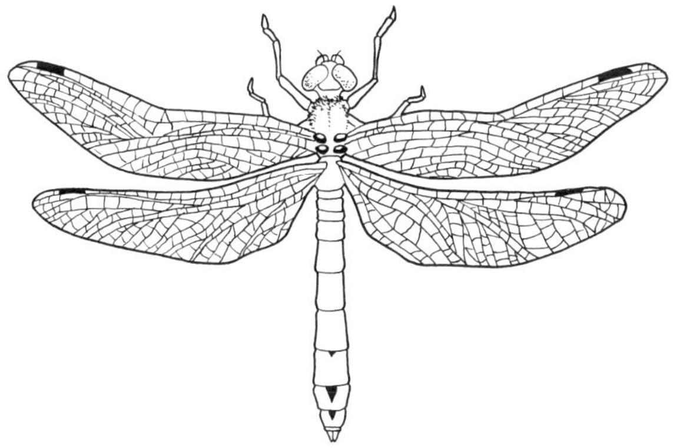

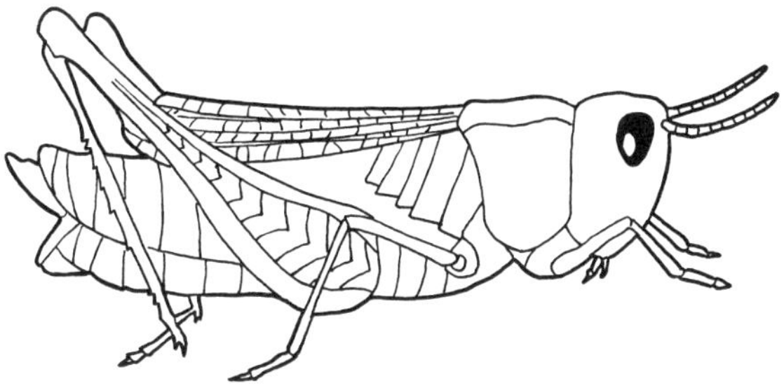

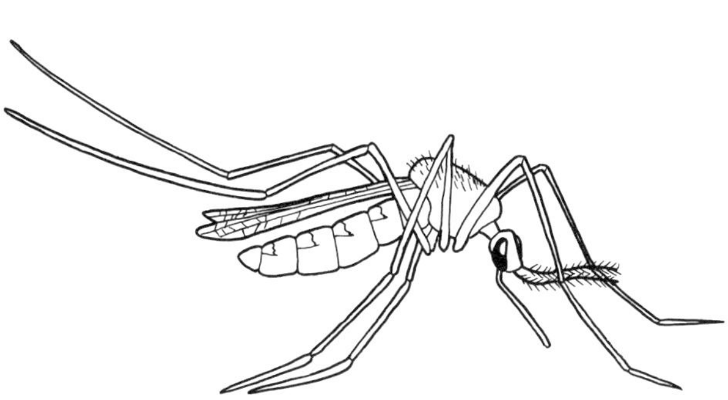

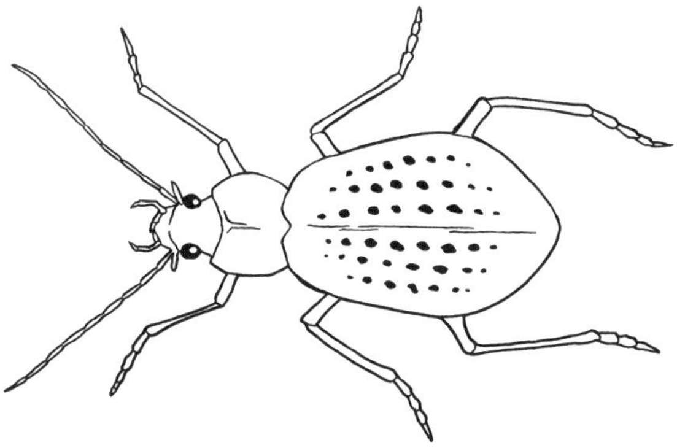

Fledermäuse auf der Jagd (1/2)

Auftragskarte

Wir Fledermäuse sind wahre **Luftakrobaten**. Mit unseren kräftigen Flügeln können wir **segeln**, auf der Stelle **flattern** oder blitzschnell Insekten **fangen**. Dabei sind wir so flink, dass du unsere Flugmanöver mit deinen Augen gar nicht richtig verfolgen kannst.

Bearbeite das Angebot und du erfährst, welche verschiedenen Möglichkeiten wir haben, unsere Beute in der Luft zu fangen.

1. Suche dir einen Partner und stellt euch einander gegenüber. Wirf deinem Partner ein Gummibärchen zu. Welche Möglichkeiten gibt es, das Gummibärchen zu fangen? Probiert es aus!

2. Überlegt, wie die Fledermaus ihre Beute fängt. Schreibt eure Vermutungen ins Fledermausheft.

3. Nehmt euch jeder das Arbeitsblatt „Geschickte Jäger“. Welcher Satz passt zu welchem Bild? Tragt die passenden Zahlen in die Kästchen ein.

Könnt ihr euch vorstellen, welche Möglichkeit für die Fledermaus am schwierigsten ist? Diskutiert und berichtet anschließend im Sitzkreis.

© Verlag an der Ruhr | Autorin: Bianca Eilers | ISBN 978-3-8346-2974-6 | www.verlagruhr.de

Fledermäuse auf der Jagd (2/2)

Arbeitsblatt

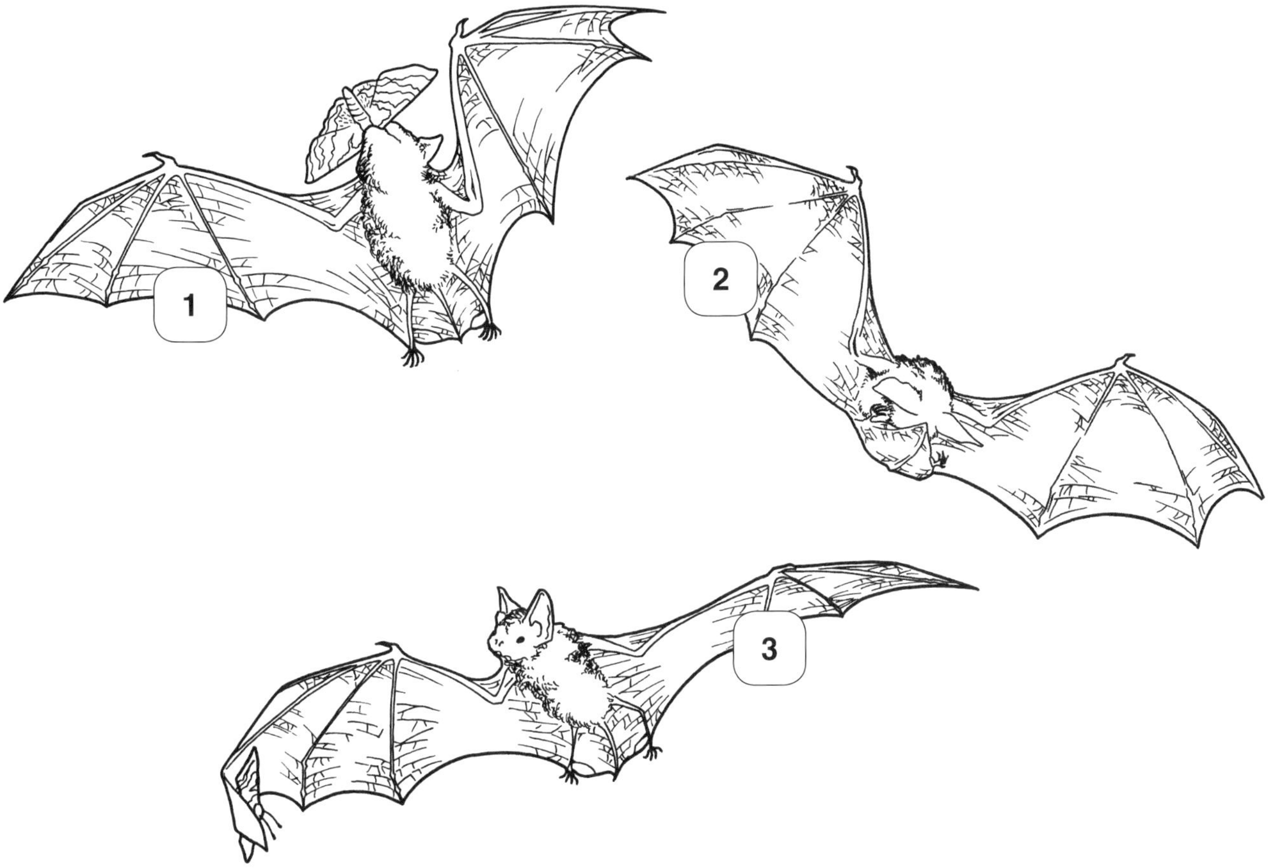

1

2

3

Geschickte Jäger

- [ ] Größere Tiere fängt die Fledermaus mit der Schwanzflughaut und frisst sie dann auf.
- [ ] Versucht die Beute, zu entkommen, dann wird sie mit dem Flügel gefangen und zum Mund geführt.
- [ ] Kleine Insekten fängt die Fledermaus direkt mit dem Mund.

Lebensräume der Fledermäuse (1/2)

Auftragskarte

Damit wir uns **wohlfühlen** und **überleben** können, brauchen wir im Sommer und Winter geeignete **Verstecke**.

Sie schützen uns vor schlechtem Wetter und vor größeren Tieren. Auch brauchen wir Orte, an denen es genug Nahrung gibt. Wir brauchen also ein **Jagdgebiet** mit vielen Insekten. Wo wir uns am liebsten verstecken und auf Nahrungssuche gehen, erfährst du in diesem Angebot.

Ihr braucht zusätzlich:

- ➔ Baumrinde
- ➔ Moos
- ➔ Zweige
- ➔ blaue Folie
- ➔ Streichholzschachteln
- ➔ rote, grüne und braune Pappe
- ➔ Holzleisten
- ➔ Knetgummi
- ➔ Papprollen
- ➔ Steine
- ➔ Wolle
- ➔ Lebensmittelverpackungen

1. Findet euch zu dritt zusammen.

2. Lest euch den Info-Text auf dem 2. Arbeitsblatt „Lebensräume" durch.

3. Baut gemeinsam mit den Materialien eine Landschaft mit Verstecken und Jagdgebieten, in der sich Fledermäuse wohlfühlen.

© Verlag an der Ruhr | Autorin: Bianca Eilers | ISBN 978-3-8346-2974-6 | www.verlagruhr.de

Lebensräume der Fledermäuse (2/2)

Infotext

Lebensräume

Fledermäuse leben mitten unter uns. Überall, wo es genug Insekten und Verstecke für sie gibt, können sie leben. Man nennt diese Verstecke auch **Quartiere**. Die Fledermäuse lieben warme Sommerquartiere und kühle Winterquartiere.

Im Sommer leben die meisten Fledermäuse auf **Dachböden** und **Kirchtürmen** oder in **Spalten von Häusern**. Fledermäuse brauchen gar nicht viel Platz. Du kannst sie sogar unter **Dachziegeln**, hinter **Fensterläden** und **Rollladenkästen** finden. Auch in alten **Bäumen** suchen sie sich ihre Quartiere. Sie schlafen in **Baumhöhlen** oder unter losen **Rindenstücken**.

Im Winter, wenn es kalt ist und es keine Insekten mehr für sie gibt, suchen sich die Fledermäuse kühle und dunkle Schlafplätze. Beliebte Verstecke sind dann **Höhlen, Stollen** und **Keller**. Sie halten dort bis zum Frühjahr ihren Winterschlaf.

Bei einigen Fledermausarten liegen das **Sommer-** und das **Winterquartier** weit auseinander. Sie fliegen viele Kilometer, um zu ihrem Winterquartier zu kommen. So fliegt das Graue Mausohr bis zu 100 km weit und der Große Abendsegler sogar weit über 1000 km bis zum Winterquartier. Andere Fledermausarten, wie die Kleine Hufeisennase, haben ihre Sommer- und Winterquartiere nahe beieinander.

Fledermäuse brauchen zum Leben, neben den Quartieren, auch ein **Jagdgebiet** mit vielen **Insekten**. Die finden sie hauptsächlich im **Wald** oder auf **Wiesen** und **Weiden**. An **Flüssen** und **Teichen** jagen auch einige von ihnen. Die kleine Zwergfledermaus kann man häufig in der Nähe von Straßenlaternen sehen, da sich hier in der Dunkelheit besonders viele Insekten aufhalten. Sie werden von dem Licht der Laterne angelockt.

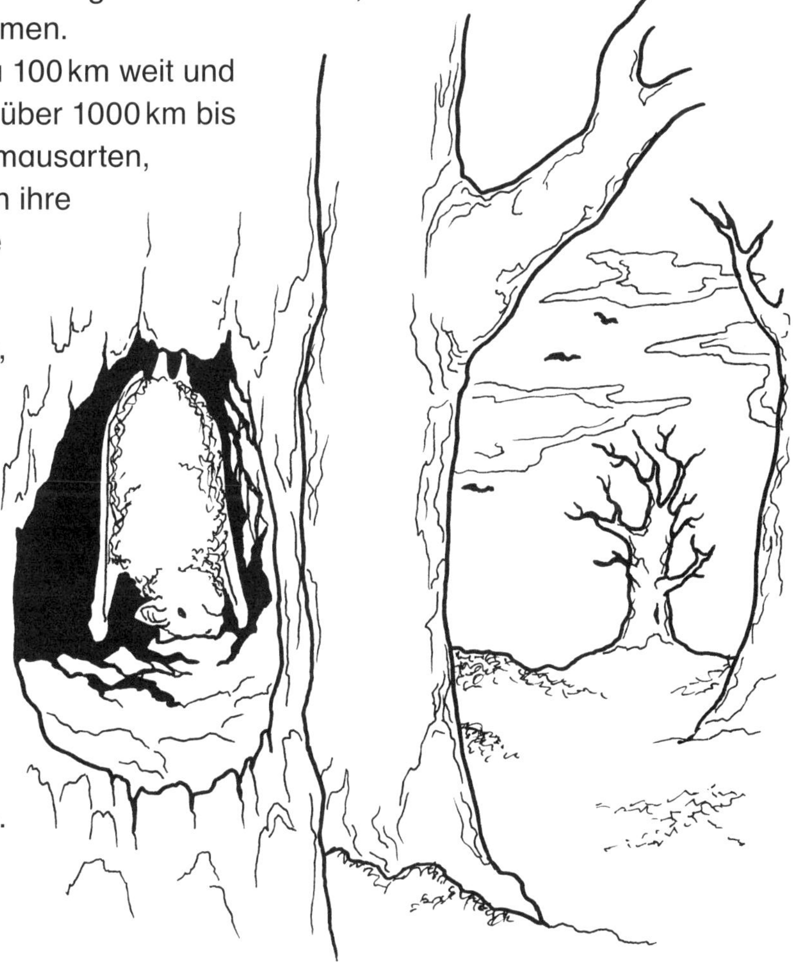

© Verlag an der Ruhr | Autorin: Bianca Eilers | ISBN 978-3-8346-2974-6 | www.verlagruhr.de

Feinde der Fledermäuse (1/2)

Auftragskarte

Wenn man wie wir nur nachts aus dem Versteck kommt, dann hat man nicht so viele Feinde. Doch unsere Verstecke sind nicht immer ganz sicher. Wenn wir in **Dörfern** leben, können uns manchmal **Katzen** gefährlich werden.
Sind unsere Verstecke nicht hoch genug, können wir im Schlaf von **Mardern** oder **Ratten** überrascht werden.
Im **Wald** ist die **Schleiereule** unser Feind. Sie lebt öfter in derselben Höhle wie wir und verspeist uns dann gern.
Doch wer unser **größter Feind** ist, erfährst du, wenn du dieses Angebot bearbeitest!

1. **Schaue dir die Bilder auf dem 2. Arbeitsblatt „Nachgedacht!" an.**
2. **Was meinst du: Wer ist der größte Feind der Fledermaus? Kannst du dir vorstellen, was die Bilder mit dem größten Feind der Fledermaus zu tun haben?**
3. **Schreibe deine Gedanken neben die Bilder.**

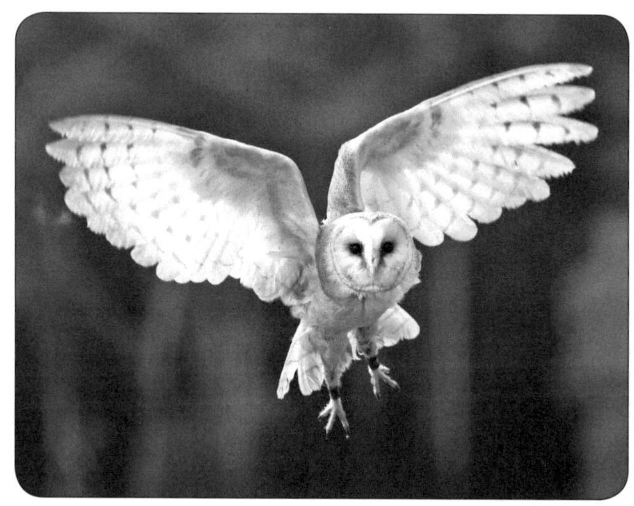

Schleiereule

Denke daran, wo Fledermäuse leben. Das Angebot „Wo fühlen Fledermäuse sich wohl?" kann dir dabei helfen.

© Verlag an der Ruhr | Autorin: Bianca Eilers | ISBN 978-3-8346-2974-6 | www.verlagruhr.de

Feinde der Fledermäuse (2/2)

Arbeitsblatt

Nachgedacht!

© Verlag an der Ruhr | Autorin: Bianca Eilers | ISBN 978-3-8346-2974-6 | www.verlagruhr.de

Wer braucht wen? (1/2)

Auftragskarte

In der Natur ist alles miteinander verbunden. Genauso wie bei einem **Netz**. Wir **Tiere**, die **Pflanzen** und ihr **Menschen** brauchen einander zum **Leben**. An diesem Angebot kannst du sehen, wie wir alle miteinander verbunden sind.

1. **Lies dir die Geschichte „Der alte Baum“ auf dem 2. Arbeitsblatt durch.**
2. **Verbinde nun die einzelnen Bilder, beginne mit dem Baum. Die Geschichte gibt dir die Reihenfolge vor.**
3. **Kannst du dir denken, wie die Geschichte weitergeht, wenn der alte Baum gefällt wird? Schreibe deine Ideen in dein Fledermausheft.**

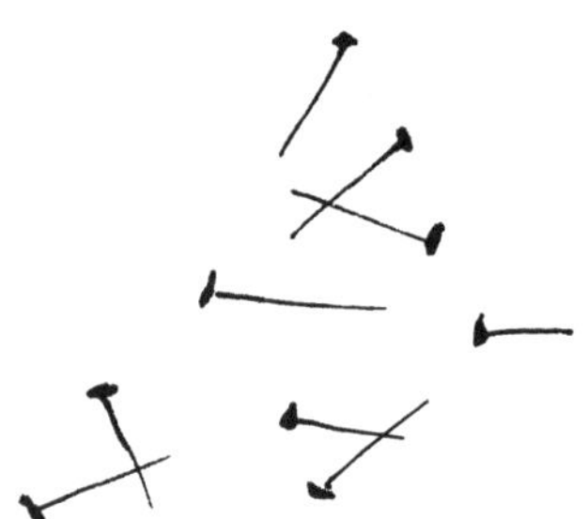

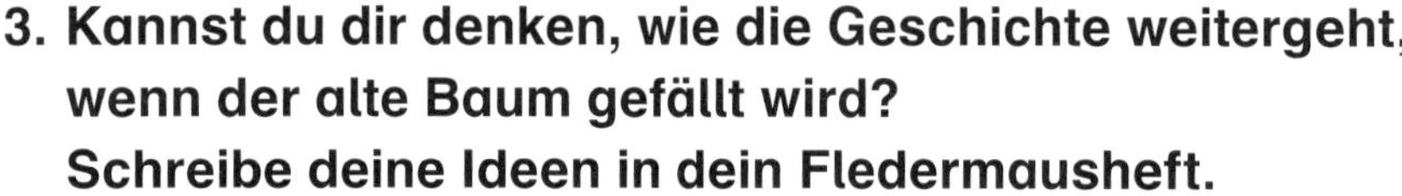

Falls du keine Idee hast: Überlege dir, was passiert, wenn du schon direkt zu Beginn nicht den Baum mit dem Specht verbinden kannst.

© Verlag an der Ruhr | Autorin: Bianca Eilers | ISBN 978-3-8346-2974-6 | www.verlagruhr.de

Wer braucht wen? (2/2)

Arbeitsblatt

Der alte Baum

Im Wald steht ein alter **Baum**. Er ist schon über 100 Jahre alt. Im vorletzten Jahr hat sich hier ein **Specht** eine Höhle gebaut. Er hat häufig von den **Ameisen** gefressen. Sie leben unter dem alten Baum in ihrem Ameisenbau. In diesem Jahr nutzt ein **Braunes Langohr** die Baumhöhle als Sommerquartier. Es fühlt sich dort sehr wohl, da es auf den Blättern des alten Baumes immer genug Nahrung findet. **Schmetterlinge** und **Mücken** ruhen sich nämlich gern nachts auf den Blättern des alten **Baumes** aus.

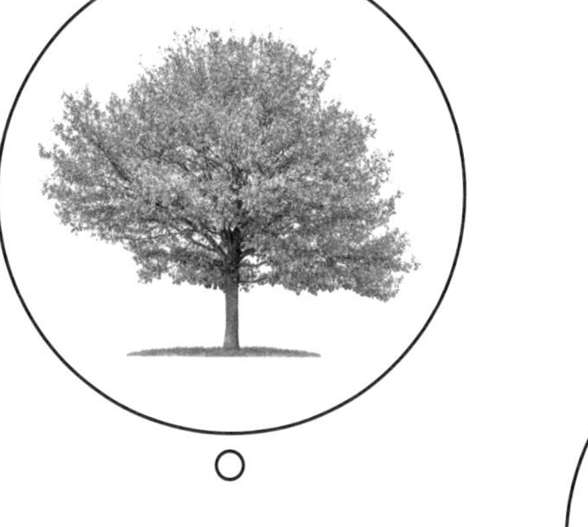

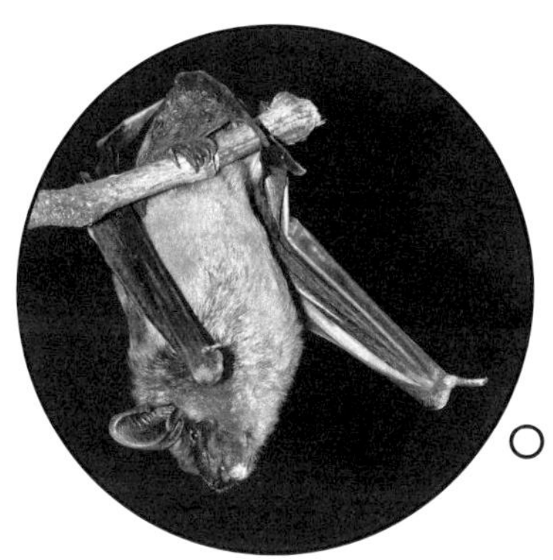

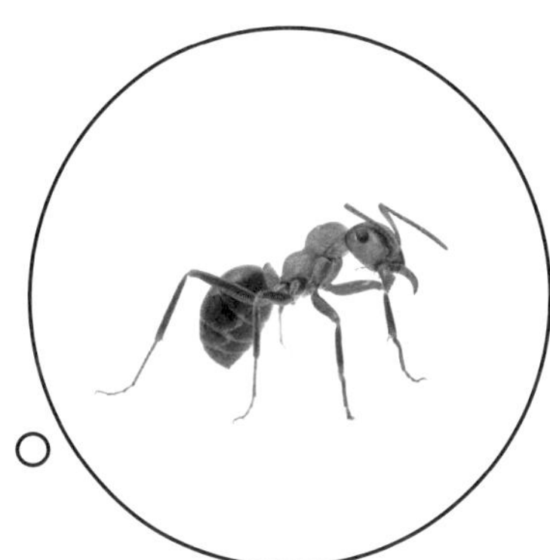

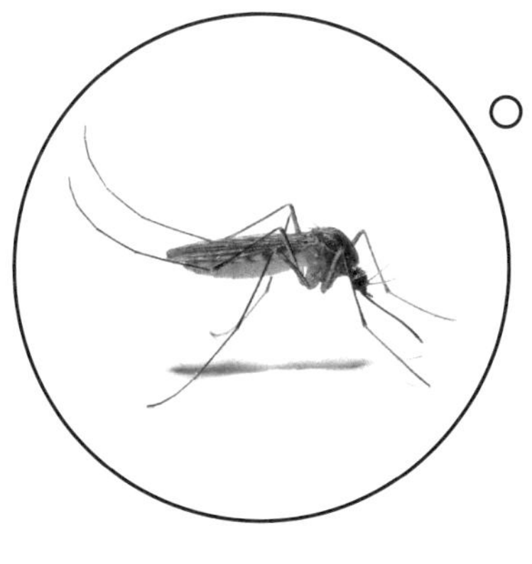

Das Fledermaus-Jahr (1/5)

Auftragskarte

Das Jahr hat für uns Fledermäuse einen bestimmten **Ablauf**. In den verschiedenen **Jahreszeiten** (Frühling, Sommer, Herbst, Winter) gibt es unterschiedliche Dinge, die wir tun. Wir halten zum Beispiel immer **zur gleichen Zeit** Winterschlaf oder bekommen fast immer im **selben Monat** unsere Jungen. Weil sich dieses Verhalten immer wiederholt, nennt man es **Jahreskreislauf**.

Na, möchtest du mehr über unser Fledermausjahr wissen? Dann lies dir das folgende Angebot durch und bearbeite die Arbeitsblätter.

1. **Schneide die 7 Jahreskreis-Teile aus und lies dir die Texte in den Kreisstücken durch.**

2. **Lege die Kreisstücke auf einem großen Blatt (DIN A3) zu einem Jahreskreis zusammen. Beachtet die Reihenfolge der Monate. Beginne am besten mit dem April.**
3. **Nimm dir das Arbeitsblatt mit den Bildkarten. Schneide die 7 Bilder aus.**

4. **Lege das passende Bild zu den Texten. Schreibe die Zahl der Bilder in das leere Kästchen der Kreisstücke.**
5. **Wenn alles gut passt, klebst du sowohl die Kreisstücke als auch die passenden Bilder auf das große Blatt.**

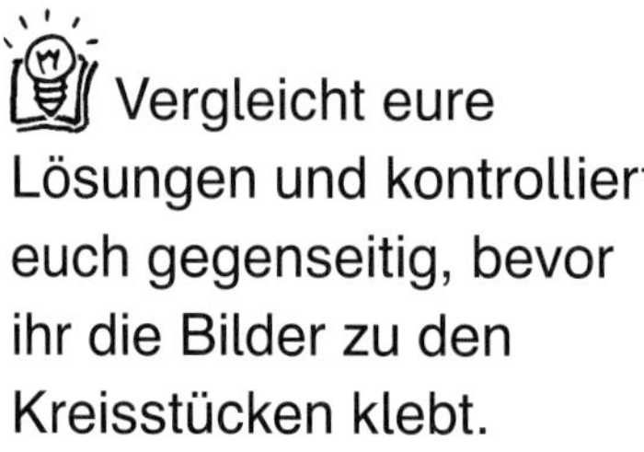

Vergleicht eure Lösungen und kontrolliert euch gegenseitig, bevor ihr die Bilder zu den Kreisstücken klebt.

© Verlag an der Ruhr | Autorin: Bianca Eilers | ISBN 978-3-8346-2974-6 | www.verlagruhr.de

Das Fledermaus-Jahr (2/5)

Bildkarten: Jahreskreis 1

November bis März

Um den **Winter ohne Nahrung** überleben zu können,
halten die Fledermäuse **Winterschlaf**.
Dazu hängen sie sich **kopfüber** an die **Decke**.
Ihr ganzer Körper stellt sich auf den Winterschlaf ein.
Das Herunterhängen kostet die Fledermäuse wenig Kraft.
Die Krallen ziehen sich durch das Gewicht
der Fledermaus mechanisch zusammen
und sie finden so an der Decke Halt.
Ihre **Körpertemperatur** sinkt ab
und ihr **Herz** schlägt ganz langsam.

Das Fledermaus-Jahr (3/5)

Bildkarten: Jahreskreis 2

Klebefläche

April

Der Frühling ist da! Langsam wird es wärmer und die Blumen beginnen, zu blühen. Jetzt gibt es auch wieder **Insekten** für die Fledermäuse. Sie **erwachen** aus ihrem Winterschlaf und können mit **Einbruch der Dunkelheit** wieder ihre Nahrung jagen.

Klebefläche

Mai

Die Weibchen finden sich zu **Gruppen** zusammen, um ihre Jungen zur Welt zu bringen. Diese Gruppen heißen **Wochenstuben**. Man findet sie in **Dachstühlen**, in **Häuserspalten** oder **Baumhöhlen**. Die Männchen leben in dieser Zeit von den Weibchen getrennt.

Klebefläche

Juni–Juli

Die **Fledermausjungen** werden in den **Wochenstuben** geboren. Sie sind bei ihrer Geburt noch ganz **nackt** und **blind.** Von ihren Müttern werden sie **gesäugt**, bis sie selber auf Nahrungssuche gehen können. Nachts, wenn die Mutter zur Jagd fliegt, bleiben die Jungen allein im Quartier zurück. Bei der Rückkehr erkennt die Mutter ihr Junges am **Geruch** und an der **Stimme**.

© Verlag an der Ruhr | Autorin: Bianca Eilers | ISBN 978-3-8346-2974-6 | www.verlagruhr.de

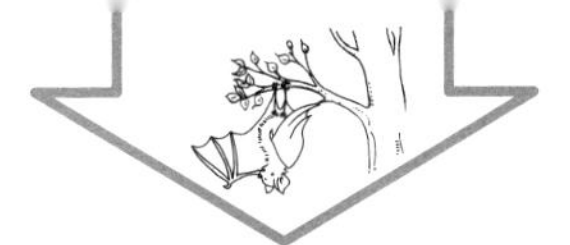

Das Fledermaus-Jahr (4/5)

Bildkarten: Jahreskreis 3

August

Endlich ist es so weit. Die Jungen sind nun **ausgewachsen** und groß genug, um allein auf die **Jagd** zu gehen. Aus den Wochenstuben heraus unternehmen sie erste **Flugversuche**. Dabei lernen sie auch gleich ihre Umgebung kennen.

Klebefläche

September

Die Fledermaus-Weibchen und die Fledermaus-Männchen treffen aufeinander und **paaren** sich. Ein Männchen begattet dabei **mehrere Weibchen**.

Klebefläche

Oktober

Wenn es im Herbst kälter wird, gibt es für die Fledermäuse **keine** Insekten mehr zu fressen. Dann suchen sie sich ein **Winterquartier** in **Höhlen**, alten **Stollen** und **Kellern**.

Klebefläche

Das Fledermaus-Jahr (5/5)

Bildkarten

1

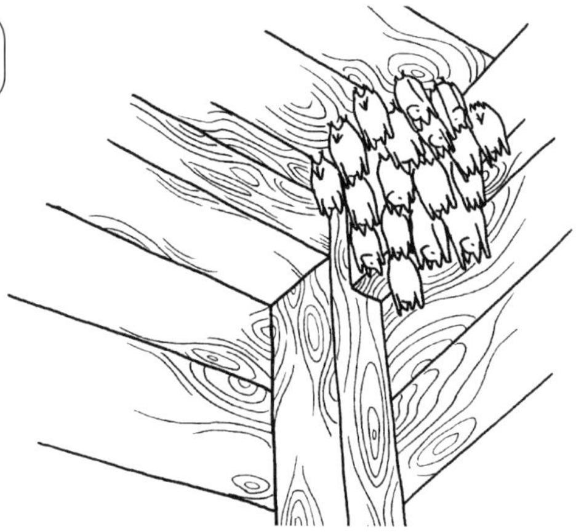

2

3

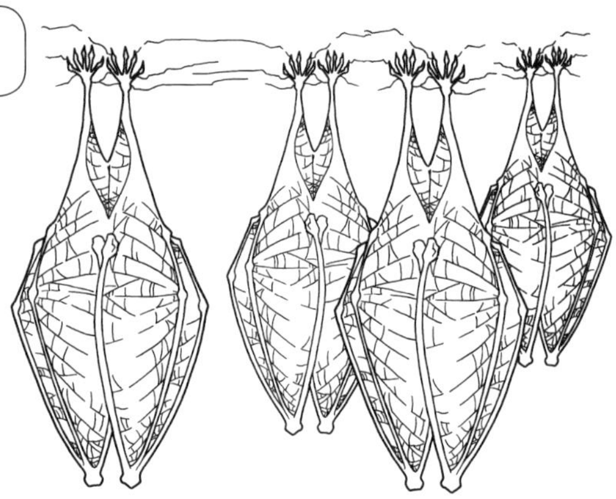

4

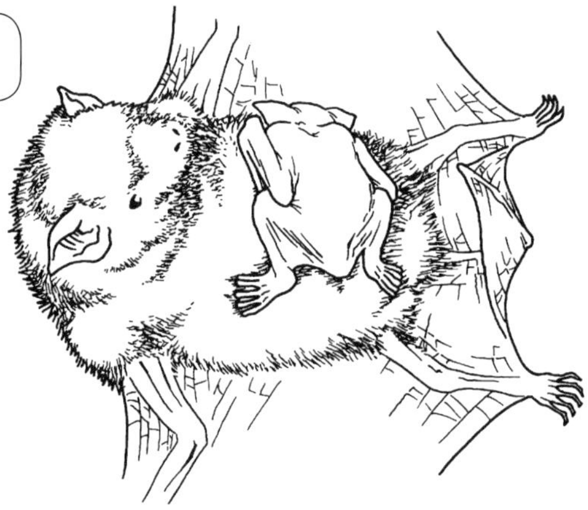

5

6

7

© Verlag an der Ruhr | Autorin: Bianca Eilers | ISBN 978-3-8346-2974-6 | www.verlagruhr.de

Was macht die Fledermaus im Winter?

Experiment

Wenn es im Winter kalt wird und keine Insekten mehr fliegen, halten wir **Winterschlaf**. Einige Fledermausarten ziehen sogar in den Süden. In feuchten **Höhlen**, in denen es dunkel und kühl ist, hängen wir uns an die **Decke**. Unsere Körpertemperatur ist niedrig und unser Herz schlägt ganz langsam. Nur so können wir den Winter ohne Nahrung überleben. Du darfst uns auf keinen Fall stören. Deshalb sind einige Höhlen, die wir als Schlafplätze benutzen, auch vergittert. Jede **Unterbrechung** unseres Winterschlafs kostet uns viel Kraft. Denn um wach zu werden, müssen wir unsere **Körpertemperatur** erhöhen. Man kann sagen, wir drehen unsere Körperheizung hoch. Irgendwann sind wir dann zu schwach, um den Winter zu überleben. Wie anstrengend das für uns ist, kannst du mit einem Partner in dem **Eiswasser-Experiment** selber ausprobieren!

Ihr braucht zusätzlich:

➔ 1 Glas mit Eiswasser (6 – 8 °C)

➔ 1 Thermometer

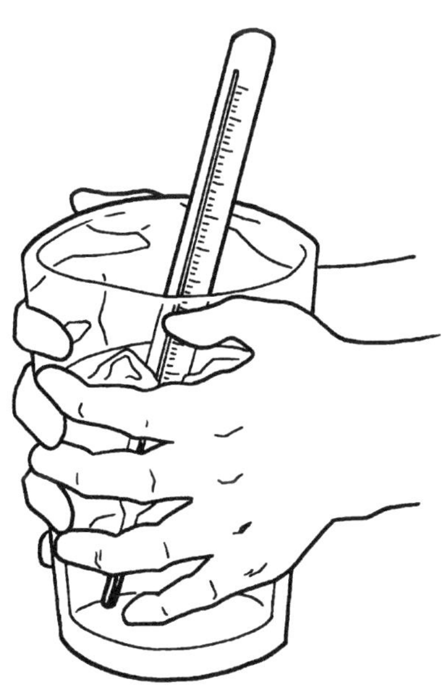

1. **Steckt das Thermometer in das Eiswasser-Glas. Umfasst mit euren Händen das Glas.**
2. **Versucht, das Eiswasser aufzuwärmen, bis das Thermometer etwa 30 °C anzeigt.**
3. **Könnt ihr euch jetzt vorstellen, wie anstrengend das Aufwachen für die Fledermaus ist? Diskutiert darüber miteinander.**
4. **Berichtet anschließend im Sitzkreis.**

© Verlag an der Ruhr | Autorin: Bianca Eilers | ISBN 978-3-8346-2974-6 | www.verlagruhr.de

Ein Fledermaus-Bild

Arbeitsblatt

1. **Die Fledermaus ist nicht zu Ende gezeichnet worden. Welche Körperteile musst du noch einzeichnen? Zeichne ganz genau!**
2. **Male die Fledermaus farbig aus.**

Schaue dir die Fledermaus auf dem Arbeitsblatt des Angebotes „Wie sehen Fledermäuse aus? – die Körperteile“ noch einmal an.

© Verlag an der Ruhr | Autorin: Bianca Eilers | ISBN 978-3-8346-2974-6 | www.verlagruhr.de

Fledermaus-Rätsel

Arbeitsblatt

1. Löse das Fledermaus-Rätsel.

2. Die eingerahmten Buchstaben ergeben ein Lösungswort.

Wie heißt die Fledermaus mit der komischen Nase?

....
1

Was braucht sie zum Fliegen?

....
2

Die Fledermaus ist ein fliegendes

....
3

An welchem Finger hat die Fledermaus ihre Kralle?

....
4

Wie nennt man das Quartier der trächtigen Weibchen, in dem sie ihre Jungtiere zur Welt bringen?

....
5

Im September beginnt bei den Fledermäusen die

....
6

Wer ist der größte Feind der Fledermaus?

....
7

Die Fledermaus geht in der Dämmerung auf die

....
8

Wie nennt man die für Menschen nicht mehr hörbaren Töne?

....
9

Was macht die Fledermaus in der kalten Jahreszeit?

....
10

LÖSUNGSWORT: ....
1 2 3 4 5 6 7 8 9 10

© Verlag an der Ruhr | Autorin: Bianca Eilers | ISBN 978-3-8346-2974-6 | www.verlagruhr.de

Lückentext zum Körper der Fledermaus

Arbeitsblatt

Trage in die Lücken die passenden Wörter ein.

1. Die Arme und Hände der Fledermaus sind zu .... umgebaut. Deshalb können sie fliegen.
2. Zum Klettern braucht die Fledermaus ihre .... Sie ist an der Oberseite des Flügels.
3. An den Füßen besitzen Fledermäuse 5 Zehen mit langen .... Diese brauchen sie zum Klettern und wenn sie sich zum Schlafen kopfüber aufhängen.
4. Die .... ist zwischen den Armen und Beinen aufgespannt. In dieser Haut befinden sich Blutgefäße und Nerven. Sie ist sehr empfindlich. Daher pflegen die Fledermäuse sie auch so gut.
5. Am Kopf einer Fledermaus fallen die großen .... mit den .... auf. Fledermäuse können sehr gut hören. Sie orientieren sich durch das Echo ihrer Rufe.
6. Die .... sind recht klein. Fledermäuse sind aber nicht blind. Sie können Umrisse erkennen.
7. Mit ihrer breiten .... können Fledermäuse ihre Jungen am Geruch erkennen. Der Geruch ist sehr wichtig bei Fledermäusen.
8. Die Fledermaus braucht ihre spitzen .... , um die harten Insektenpanzer zu knacken. Die einheimischen Fledermäuse ernähren sich nämlich nur von Insekten.

Augen **Zähne** **Flughaut** **Ohrendeckeln** **Flügeln** **Nase** **Daumenkralle** **Krallen** **Ohren**

© Verlag an der Ruhr | Autorin: Bianca Eilers | ISBN 978-3-8346-2974-6 | www.verlagruhr.de

Lückentext zum Fledermaus-Jahr

Arbeitsblatt

Trage in die Lücken die passenden Wörter ein.

1. April
Der Frühling ist da! Die Fledermäuse erwachen aus ihrem

.... und finden wieder genug

....

2. Mai
Die Weibchen schließen sich zu Gruppen zusammen. Diese Gruppen

nennt man .... , weil hier die Fledermausjungen geboren werden.

3. Juni – Juli
Die .... werden in den Wochenstuben

geboren. Bei ihrer Geburt sind sie .... und ....
Sie werden von ihren Müttern gesäugt.

4. August
Die Jungen sind nun .... und groß genug,

um allein auf die .... zu gehen.
Dabei lernen sie ihre Umgebung kennen.

5. September
Weibchen und Männchen treffen aufeinander und

.... sich.

6. Oktober
Wenn es im Herbst kälter wird, gibt es für Fledermäuse keine

.... mehr zu fressen. Dann suchen sie sich

ein .... in Höhlen, Kellern oder alten Stollen.

7. November – März
Im .... halten die Fledermäuse Winterschlaf.

Ihre Körpertemperatur sinkt ab und ihr .... schlägt nur noch ganz langsam.

Wochenstuben, Insekten, erwachsen, Winter, Winterquartier, nackt, Fledermausjungen, blind, Winterschlaf, Jagd, Nahrung, paaren, Herz

Medientipps

Literatur für Lehrer

Cornell, Joseph:
Mit Cornell die Natur erleben.
Naturerfahrungsspiele für Kinder und Jugendliche.
Der Sammelband.
341 Seiten mit zahlr. Fotos und Zeichnungen.
2006. Verlag an der Ruhr.
ISBN 978-3-8346-0076-9

Diehl, Dirk A.:
Ein Garten für Fledermäuse.
Lebensräume schaffen im naturnahen Garten.
Beobachten, Gestalten, Bauen.
Überarb. Aufl. 160 Seiten mit zahlr. schwarzweiß Illustrationen.
2013. Pala-Verlag.
ISBN 978-3-89566-311-6

Richarz, Klaus:
Fledermäuse
beobachten, erkennen und schützen.
127 Seiten mit 154 Farbabbildungen, 23 Farbabbildungen.
2011. Kosmos (Franckh-Kosmos).
ISBN 978-3-440-12555-7

Richarz, Klaus:
Fledermäuse in ihren Lebensräumen.
Erkennen und Bestimmen.
134 Seiten mit 70 Farbfotos.
2012. Quelle & Meyer.
ISBN 978-3-494-01516-3

Richarz, Klaus:
Welche Fledermaus ist das?
34 Fledermausarten einfach bestimmen.
Kosmos Naturführer. 80 Seiten mit 100 Farbfotos.
2011. Kosmos (Franckh-Kosmos).
ISBN 978-3-440-13035-3

Literatur für Kinder

Grimmberger, Eckhard:
Entdecke die Fledermäuse.
NTV Kinderbuch. 3. Aufl., 48 Seiten mit zahlr. Farbfotos.
2015. Natur und Tier-Verlag.
ISBN 978-3-86659-162-2

Poschadel, Jens; Möller, Antje:
Die Fledermaus.
Meine große Tierbibliothek.
2. Aufl., 29 Seiten mit zahlr. Fotos.
2012. Esslinger Verlag Schreiber.
ISBN 978-3-480-22825-6

Nützliche Internetadressen

www.flaus-online.de/kids/index.html
Eine Internetseite für Kinder zum Thema Fledermäuse. Hintergrundwissen und Spiele.

www.bat-ev.de
Berliner Artenschutz Team-BAT-e. V.

www.nabu.de/batnight
Veranstaltungstipps und Termine für die jährliche europäische Fledermausnacht.

www.nabu.de/tiere-und-pflanzen/saeugetiere/fledermaeuse/index.html
NABU-Bundesgeschäftsstelle Bonn.

www.all-about-bats.net
BUND-Naturschutzzentrum Westlicher Hegau.

www.agf-bw.de
AG Fledermausschutz Baden-Württemberg e. V.

www.fledermauskunde.de/fbio-hun.htm
Hier werden 25 verschiedene Fledermausarten vorgestellt. Dazu finden Sie alles Wissenswerte über die Anatomie, die Gefährdung u. v. m.

www.fledermausschutz.de
Eine informative Internetseite des Landesfachausschusses Fledermausschutz NRW.

www.agf-bw.de/20_agf_aktivitaeten/21_flederhaus.html
Soforthilfe bei Fledermaus-Notfällen am Telefon oder mit Helfern vor Ort. Das Flederhaus gibt Tipps zur Fledermausansiedlung.